朱睿民 / 著

卓越领导力

《资治通鉴》中的领导艺术

石油工业出版社

图书在版编目（CIP）数据

卓越领导力：资治通鉴中的领导艺术 / 朱睿民著
. —北京：石油工业出版社，2023.2
ISBN 978-7-5183-5216-6

Ⅰ.①卓… Ⅱ.①雷… Ⅲ.①领导学－通俗读物
Ⅳ.① C933-49

中国版本图书馆 CIP 数据核字（2022）第 017152 号

卓越领导力：《资治通鉴》中的领导艺术
朱睿民　著

出版发行：石油工业出版社
　　　　　（北京市朝阳区安华里二区 1 号楼　100011）
　　　　网　　址：www.petropub.com
　　　　编辑部：（010）64523611　64523691
　　　　图书营销中心：（010）64523633
经　　销：全国新华书店
印　　刷：北京晨旭印刷厂

2023 年 2 月第 1 版　2023 年 2 月第 1 次印刷
710 毫米 ×1000 毫米　开本：1/16　印张：13
字数：168 千字

定价：58.00 元
（如发现印装质量问题，我社图书营销中心负责调换）
版权所有，翻印必究

推荐序
PREFACE

好友兼前同事朱睿民（因其英文名 Reminton，我们称他雷总）嘱我为其所著《卓越领导力——〈资治通鉴〉中的领导艺术》一书作序，实乃幸事！雷总在圈中早负盛名，研读《资治通鉴》多年不辍，将学习笔记写成心得文章，"和雷总一起读《资治通鉴》"早已是朋友们闲暇时的一大阅读享受。

遥记得世纪之初，雷总从沪上名校毕业，加入顶级国际管理咨询公司，正是翩翩少年，气质谈吐颇具风采。那时候几大咨询公司从名校应届毕业生发来的数千份求职简历中，千挑万选数百名候选人，再经过多轮面试，才招录寥寥几人。咨询工作不是当点子大王，而是以大量的真实数据信息为依据去深入分析和判断，进而协助企业做好发展决策和运营。在每个项目上，咨询者们必须下沉一线，进工厂，访市场，奔走于全国各地甚至海外，访谈和收集市场信息后再返回总部，进而统计、分析和集成。年轻的咨询者们十分辛苦，雷总正是中国咨询业这一代创始团队的一员。数年后，雷总离开了管理咨询公司，先后担任多家跨国公司中国业务高管，仍工作在市场开发和营销第一线。每次见面，他除了依然风度翩翩，谈吐中总会多几分对人生经历的感悟。雷总之所以能用如此生动明透且颇为诙谐有趣的文笔来讲述历史，并在此基础上提升和提炼出对卓越领导力的认识，正是基于他对现代企业咨询和管理的丰富经验与认知。

什么是卓越领导力？雷总从《资治通鉴》这部史学巨著中挑选出来的历史故事和相关人物，为我们做了生动的解读。通读下来，你会发现这些人物都具备一些共同的能力，而这些能力是卓越领导者必须修炼和具备的。有意思的是，书中还选取了反面典型，读罢你会发现，失败与成功竟真的常常就是一步之遥。我从本书中也得到很大启发。个人的成功不是基于自己的长板，而在于能够确保不失于自己的短板。比如书中介绍了一位著名的历史人物——苻坚。幼时知道苻坚，只知著名的淝水之战。雷总对他做了详细介绍。出乎意料的是，苻坚并非无能之辈，书中提到司马光评价其"性至孝，幼有志度，博学多能，结交英豪"，实乃一代英杰，几达完人，具有十分出色的品质和优秀领导力的潜质。他的一生也卓有成就，从制定战略到实施，不断创造优异成绩，唯一短板在于太过宽容，最后败于淝水之战，殒于自己部下之手。

我从事管理咨询、企业管理和投资三十年，同许多著名的企业和企业家有过合作，也见证了这三十年中国经济迅猛发展的伟大时代。这期间，大浪淘沙，巨流澎湃，许多企业家白手起家，勇于承担和实践，取得了非凡成就；一代职业经理人勇往直前，披荆斩棘，踏出了一条中国式管理之路。当下，中国经济发展进入转型期，对管理能力、人才配置和投资决策的要求上升到了一个全新的阶段，这对企业家、创业家和高级管理人员的领导能力也提出了全新和更高的要求。我们这一代中国企业家和管理者大多是在学习毛泽东的战略思维和实践心得中感悟领导的艺术，这是非常有意思和有意义的事情，而毛主席一生读过最多的一部书，正是《资治通鉴》，共读阅了十七遍，且在每一章上做了仔细的批注。因此今天，和雷总一起来读《资治通鉴》，一定会大有裨益，广得收获。

[1]

---

[1] 朱伟先生是中国管理咨询行业的领军人物，曾先后担任美国科尔尼管理顾问公司、德国罗兰贝格咨询公司大中国区总裁、埃森哲大中华区主席。

自序
PREFACE

《资治通鉴》是本很特别的书。在它之前的史书大都参照《史记》的写法，以人物为维度（纪传体）来写，每个人物自成一篇，而这本书是以时间为维度（编年体）来写的。它把公元前403年到公元959年这1300多年中发生的历史事件，逐年梳理清楚，并如实记录下来。不仅内容记录翔实，还对关键人物和事件做了点评，画了重点。鉴于作者曾经做过宰相，他的点评含金量很高，使《资治通鉴》成为此后历代帝王必备的"刷题"工具。因为小时候有过砸缸救人的英雄事迹，司马光这个名字大家很熟悉。但大家可能不太熟悉的是司马光砸缸的思维逻辑：其他人都在抓狂如何把孩子从水缸里救出来的时候，司马光却想着如何让水离开孩子。这种不走寻常路的思维方式也体现在他写的这本特别的史书之中。

《资治通鉴》是本很难读的书。难读的一个重要原因在于，对现代人来说读古文实在是费劲。我曾经做过高中语文课代表，古文功底稍好些，刚读的时候也有点味同嚼蜡。另外，编年体的写法不是以事件为线索，读起来也实在是让人没有头绪。有时候一年里根本没有发生什么令人印象深刻的事情，只是某地发了大水、某月发生了日食，或者是某国君主去某地视察工作，短短几行字就结束了，让读者一头雾水。我大学毕业之后也买了一套中华书局的《资治通鉴》（共20本），和大多数人一样将它们供在书架上作为摆设。这一摆就是十几年，期间偶尔抽出一本翻一两页，实在是看不下去，然后又恭恭敬地放了回去。

《资治通鉴》是本很精彩的书。2013年，我在工作中遇到了一些人和事，不知如何应对，想从古人的经典中学得一些为人处世的智慧，于是鼓起勇气翻开了尘封十多年的《资治通鉴》硬着头皮读了起来。有一天读到战国吴起的故事，突然读出了味道。吴起胸怀大志却不被列国重用，直到遇见楚王才获得机会一展平生所学，大刀阔斧在楚国进行改革。虽然改革成果卓著，楚国实力大增，但是改革过程中也得罪了楚国很多贵族。楚王病逝后，这些心怀仇恨的贵族密谋在葬礼上对吴起实施暗杀。毫不知情的吴起一踏入灵堂，就看到四周帘幕突然落下，露出了埋伏已久的弓箭手。吴起自知逃脱无望，一把紧紧抱住楚王的遗体，弓箭手无法收手，将吴起与楚王的遗体一起射成了刺猬。最终，继任的新楚王以羞辱先王遗体的罪名将参与的贵族全部斩首，做了吴起的陪葬。整个故事原文不满一页，司马光笔法老练，用词精到，高度概括。从吴起参加楚王葬礼那年写起，以倒叙笔法记述了吴起坎坷的一生。他临终时的戏剧情节以及出人意料的大结局，让我宛如看到了一场扣人心弦的古装大剧，闭卷细品，久久无法释怀。

自那以后，我就有了很强烈的冲动，想把《资治通鉴》中这些很有意思却不为大家所熟知的人物与逸事，用通俗的现代语言写下来，与无暇读古文的朋友们一起分享历史中的智慧。这一写就是八年有余。由于我的英文名字Remington音译为雷明顿，所以大家称我雷总，我也以此作为自己的笔名。2014年我注册了个人公众号（和雷总一起《读资治通鉴》）分享读书笔记，迄今为止一共发表了300多篇，共60多万字。

在写这本书的时候，我们找了一个特别的维度：领导力。本书呈现的是300多篇读书笔记里精心挑选的六位领导人，包括：汉文帝刘恒、汉光武帝刘秀，汉末三国时期的袁绍、孙权，五胡乱华时期后赵的石勒以及前秦的苻坚。这些历史人物虽都有一定的知名度，但对他们的领导力特质，读者未必细品过。他们每个人都很有特色却又不尽相同：

——汉文帝刘恒善于倾听，仁者无敌，将"不做也是做"的哲学发挥到了极致；

——汉光武帝刘秀能屈能伸，人品与能力俱佳，魅力值极高，是难得的好老板；

——三国孙权一生之中三次大战击败三个处于巅峰时期的对手（曹操、关羽和刘备），却没有一次是自己亲自出手，原因就在于他善于识人、用人，更善于激励人；

——后赵石勒懂得制定战略，也懂得战略执行中的变通，更懂得用适合自己的方式不断学习，是少数民族中罕有的优秀领导者；

——前秦苻坚恢宏大度、气势高远，为政既注重长治久安，又注重落实细节和可执行性，只可惜对敌人过于宽纵，不懂得宽严相济，最终功亏一篑；

——汉末的袁绍虽然有着"四世三公"的大IP，却从各个方面向我们展现了一个失败领导者的典型，令我们警醒。

我精选了发生在他们身上的故事，分别从战略制定、策略执行、选人用人、激励团队、采言纳谏、领导魅力等角度展现了他们的领导力素质，并在每个故事后面结合我自己的职业经历做了分析。为了提高阅读乐趣，我们为每个故事配上了轻松幽默的插画，并录制了音频故事供大家收听。

在此，要特别感谢石油工业出版社的李廷璐老师，她为这本书的策划创意、题材选择以及后期的出版发行花费了很多的时间和心血。还要感谢本书责任编辑秦雯，负责插画制作的尹璐鑫以及影小影。感谢老领导朱伟先生百忙之中为我作序，感谢地素时尚的首席设计师William为本书设计封面，Lillian为本书的设计制作提供了很多创意。最重要的是感谢多年默默支持我写作的家人和朋友。

有人曾经问我，写这些笔记有什么意义。写这些笔记不是为了历史研究，也不是为了扬名立万，一切的起源只是因为喜欢。我只是喜欢读史书，觉得有感悟和收获就把它记录下来，与大家分享，如此而已。

如果一定要加一个意义，不带着功利心与得失心去做一件自己喜欢的事情，坚持做下去，尽全力做好，然后乐在其中，这就是意义所在吧。

希望各位读者在阅读这本书的时候也能乐在其中，也欢迎与我分享交流。

2021 年 11 月于上海浦东

目录
CONTENTS

刘 恒 行仁政、养民生

领导艺术一：广开言路，仁政化民 ······ 7
  1. 博采群议，善于倾听 ······ 8
    (《资治通鉴》十三～十五卷，汉纪五～七)
  2. 仁爱之心，以德服人 ······ 21
    (《资治通鉴》十三～十五卷，汉纪五～七)
  3. 德化天下，仁者无敌 ······ 26
    (《资治通鉴》十三卷，汉纪五)

刘 秀 一介农民，中兴汉室

领导艺术二：低调谦和，刚柔并济 ······ 39
  1. 勇于担当，身先士卒 ······ 40
    (《资治通鉴》三十九卷，汉纪三十一)
  2. 忍辱负重，能屈能伸 ······ 46
    (《资治通鉴》三十九卷，汉纪三十一)
  3. 识人用人，各得其所 ······ 51
    (《资治通鉴》三十九～四十卷，汉纪三十一～三十二)

扫码读原著
汉纪三十二~三十六

4. 霹雳手段，菩萨心肠 …………………………………… 60
   (《资治通鉴》四十~四十四卷，汉纪三十二~三十六)
5. 为政勤勉，不忘初心 …………………………………… 64
   (《资治通鉴》四十~四十四卷，汉纪三十二~三十六)

孙　权　子承父业，称雄江东

扫码读原著
汉纪五十七

领导艺术三：慧眼识珠，深孚众望 …………………… 79
1. 机智决策，用人不疑 …………………………………… 80
   (《资治通鉴》六十五卷，汉纪五十七)

扫码读原著
汉纪六十

2. 爱才若渴，广育人才 …………………………………… 90
   (《资治通鉴》六十八卷，汉纪六十)

扫码读原著
魏纪一

3. 不拘一格，知人善任 …………………………………… 97
   (《资治通鉴》六十九卷，魏纪一)

石　勒　从奴隶到皇帝

扫码读原著
晋纪十

领导艺术四：谋略过人，笃学好古 …………………… 112
1. 揽人才，定战略 ………………………………………… 113
   (《资治通鉴》八十六卷，晋纪十)

扫码读原著
晋纪十三

2. 懂机变，有气度 ………………………………………… 120
   (《资治通鉴》八十六卷，晋纪十)

扫码读原著
晋纪十七

3. 学习型的领导 …………………………………………… 126
   (《资治通鉴》九十一卷，晋纪十三；《资治通鉴》九十五卷，晋纪十七)

袁 绍　色厉胆薄，短于从善

前车之鉴一：志大智小，短于从善 ……………… 138

1. 轻虑浅谋，短见薄识 …………………………… 139
（《资治通鉴》五十八～五十九卷，汉纪五十～五十一）

2. 色厉胆薄，多谋少决 …………………………… 145
（《资治通鉴》五十九卷，汉纪五十一）

3. 干大事而惜身，见小利而忘义 ………………… 150
（《资治通鉴》五十九卷，汉纪五十一）

4. 刚愎自用，不听劝告 …………………………… 153
（《资治通鉴》六十二～六十三卷，汉纪五十四～五十五）

苻 坚　宽仁有余，功名不遂

前车之鉴二：敏于德义，失之宽纵 ……………… 170

1. 君臣相得，各展其志 …………………………… 171
（《资治通鉴》九十九～一百二卷，晋纪二十一～二十四）

2. 做正确但是困难的事情 ………………………… 180
（《资治通鉴》一百一～一百三卷，晋纪二十三～二十五）

3. 为人宽纵，养虎为患 …………………………… 186
（《资治通鉴》一百二～一百五卷，晋纪二十四～二十七）

刘 恒
(公元前203—前157年)

行仁政、养民生

汉文帝刘恒是汉高祖刘邦的第四个儿子，是刘邦八个儿子中最不起眼的那个，也是最幸运的那个。因母亲薄姬不受刘邦宠幸，刘恒也不受刘邦重视，母子二人的存在感十分路人，幸运地躲过了吕后的迫害。吕后去世之后，最佳继承皇位的人选仅剩刘恒，于是他又一不小心就幸运地登上了九五至尊的宝座。刘恒登基后注重做减法，他减少税负，减少刑罚，减少不必要的折腾，使得经济和民生得到了恢复与发展，与其子汉景帝刘启共同开创了中国历史上著名的"文景之治"。

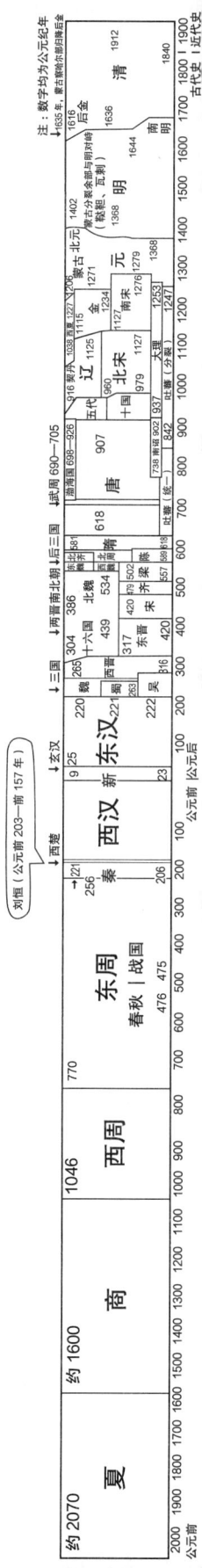

中国历史上著名的"文景之治"是由一对父子共同缔造的,其中父亲汉文帝,大名叫刘恒。

刘恒出生于公元前203年末,那个时候正是楚汉相争的关键时刻,转过年来他老爸刘邦就击败了西楚霸王称帝建汉。所以刘恒也可以说是和汉帝国同龄的孩子。刘恒的母亲薄氏,原先是秦末大乱时魏王的小妾,后来被爱江山也爱美人的刘邦收作妃子。薄夫人平时不太受到刘邦的宠幸,只是因为某天被刘邦在人群中多看了一眼,后来薄夫人就有了,生出来的孩子就是我们日后的汉文帝刘恒同学。

刘恒同学八岁那年被封为代王,王府所在地就是今天的山西太原(那时叫晋阳)。他的母亲在生完刘恒后也没有什么机会见上老公刘邦一面,因此幸运地躲过了吕后的毒手。吕后同意她和儿子一起前往封地,母子俩就在太原度过了十几年平静的时光。

王府的日子虽然平静,但是帝国的长安城中可不太平。刘恒同学封代王不到一年老爸刘邦就挂了,哥哥汉惠帝继位,朝廷的大事都是吕后说了算。这位吕后可是一位前无古人的奇女子,因为她独占中国历史三个第一:她是历史上有记录的第一位皇后、第一位皇太后,也是第一位临朝称制的女人。汉惠帝死后,虽然立了少帝刘恭做门面,但吕后已经从幕后直接走到台前了。光哥(司马光)在《资治通鉴》里干脆把那八年的事情(公元前187—前180年)直接用"高后"来纪年,享受与皇帝同等的待遇。纵览《资治通鉴》全书294卷,只有两个女人享受了这样的待遇,另一位就是878年后的武则天。

吕后称制八年,在国家治理上还是颇有建树的,但是在对待刘氏皇族方面就有点狠毒了,仅是经她手杀掉的刘邦亲儿子就有三个。作为刘邦第四子的刘恒和他母亲薄氏一样,非常谨慎低调,因此才躲过了吕氏的残害。

公元前180年,吕后病逝。刘邦的老部下们为了保命,乘机谋划,一举铲除了吕氏一族。完了之后,这帮老家伙就聚在一起讨论接下来该立谁做皇帝,才能保住他们革命的胜利果实(诸大臣相于阴谋)。初步讨论下来有以下几个方案:

方案一:继续拥立少帝刘恭。问题是这个刘恭不是惠帝的亲儿子,而是吕后为了自己的权力拿别人的孩子来假冒的,这在当时的高层领导人圈子里几乎是公开的秘密。继续拥立这样的皇帝就会混淆皇室血统。而且老家伙们刚刚把吕氏一族杀光光,这孩子要是感念吕氏扶他做皇帝,以后长大了会不会也把老家伙们全家杀光光(所立即长,用事,吾属无类矣)?不行,这个方案立马就被否了。

方案二：在刘姓的王中选一个有能力的（不如视诸王最贤者立之）。比如齐王，齐王是刘邦的长孙，在诛灭吕氏的过程中也是立了功的。出身正，能力强，看上去实在是个好人选。但是这个方案也很快被大家一致否决。为什么呢？因为齐王的舅舅驷钧非常凶恶，史称"虎而冠"。作为外戚，吕氏在大家心中留下的阴影面积实在太大（吕氏以外家恶而几危宗庙）。那边刚刚把吕氏外戚铲除，这边再请来一个更凶残的主（即立齐王，复为吕氏矣）。不行，绝对不行！

方案三：代王刘恒是高帝刘邦留下的儿子中年纪最长的，而且仁孝宽厚。重要的是太后家薄氏，言行谨慎，人品不错，也没啥家族背景。本来立皇帝就要讲究辈分年纪，刘恒辈分更高，年纪最大，还有仁孝的好名声，就他吧（且立长固顺，况以仁孝闻天下乎）！

于是，新皇帝的人选就这么愉快地决定了，大家马上安排派人去接代王进京。

对于刘恒来说，他只想安安静静做个代王，在太原过舒心的日子。长安使者的到来没有让他觉得幸福来得太突然，反而有些恐慌。手下人也担心他进了长安城会被高祖手下的那帮老家伙给玩死，不如称病不去，静观其变。上报薄太后，也是犹豫不决。

思来想去，刘恒决定卜一卦，得了"大横"。占曰："大横庚庚，余为天王，夏启以光。"刘恒有点奇怪："我已经是代王了，这个'天王'是几个意思呢？"占卦的人说："所谓天王，就是天子啊！"刘恒恍然大悟，这才放心地去了长安城。

公元前180年，代王刘恒到达长安，在陈平、周勃等老臣的拥戴下即天子位。那一年，刘恒23岁。巧的是汉文帝在位的时间也是23年。在他前半生的23年里，他隐忍谨慎，以仁孝之名闻于天下；在他后半生的这23年间，他不仅秉承了做代王时的一贯作风，还一直坚持在做一件事情：**减法**。

做减法

他很在意减轻老百姓的负担，减少田租，减少税负，让老百姓能够慢慢积累起财富。史书里经常记录某天刘恒收到某位大臣的上书，觉得很有道理，就下诏把当年的租税打个对折（田租减半）。雷总数了一下，《资治通鉴》里有记录的全国性的减免租税至少有三次，每次的折扣力度都很大，比双十一还双十一。至于他巡幸地方时顺手发个大红包，全免当地田租也是常有的事情。

刘恒也很在意减少刑罚，让老百姓免受刑法的痛苦。从废除连坐，到减少肉刑①，从去除嫁祸官员的秘祝②，到全面降低刑罚标准。甚至在他临死前准备的遗诏上都规定，他驾崩后老百姓服丧三天就够了，不要禁止大家婚丧嫁娶，饮酒食肉。不要因为皇帝挂了就影响老百姓正常生活，大家该干啥就干啥。

汉文帝还很在意减少不必要的折腾。很多皇帝上位之后都想搞点政绩，打上自己的标签，名垂青史。可汉文帝想的就是怎么不折腾，少整点事情，别弄得老百姓鸡飞狗跳。雷总在读《资治通鉴》汉文帝的记载时发现，有时候好几年都没啥事，几句话就把一年概括了。

比如文帝后三年（公元前161年）的记录是这样的：

春，二月，上行幸代。是岁，匈奴老上单于死，子军臣单于立。

这一年就两件事情：一件是二月的春天，文帝去了以前自己的封国山西太原春游；第二件就是匈奴的单于挂了，儿子即位。然后这一年就没事了！

---

① 肉刑：黥（刺面并着墨）、劓（割鼻）、刖（斩足），宫（割势）、大辟（死刑）等刑罚。汉文帝在位期间先后废除了墨、劓、斩左右趾（刖刑）和宫刑，是中国历史上有名的刑制改革。

② 秘祝：官名，一旦上天降下灾或福，就以巫术的方式将祸福转移给下臣。

接下来文帝后四年（公元前160年）的记录是这样的：

夏，四月，丙寅晦，日有食之。五月，赦天下。上行幸雍。

夏天，四月末发生了日食，为此五月宣布大赦天下。然后去了陕西看兵马俑。这一年就完了。

文帝后五年（公元前159年）也就一句话：春，正月，上行幸陇西；三月，行幸雍；秋，七月，行幸代。

这一年比前两年稍微忙了一点，去了一次甘肃、一次陕西，最后是山西。收工！

当雷总第一次读到汉文帝时，总觉得不过瘾，觉得缺少有意思的故事可以分享给大家。可是，当雷总读完不少帝王（比如王莽）折腾作死的故事后，再回过头来读汉文帝，才发现**真正的智慧不是你去选择做什么，而是你忍住自己的冲动选择不做什么。**

皇帝选好官员，以德服人，然后自己选择不做，而是让手下的官员去做他们该做的事情。**所以选择"不做"也是一种"做"。**与一些"做"了很多的皇帝相比，汉文帝在历史上留下了著名的"文景之治"，开创一代盛世。

司马光在《资治通鉴》里高度评价了文帝时期的政风与民风。原文是这样的：上既躬修玄默，而将相皆旧功臣，少文多质。惩恶亡秦之政，论议务在宽厚，耻言人之过失；化行天下，告讦之俗易，吏安其官，民乐其业，畜积岁增，户口浸息。风流笃厚，禁罔疏阔。

把这段评论翻成现代汉语，大致的意思是：汉文帝讲究清静无为的治理艺术，手下大臣都比较务实，不喜欢夸夸其谈的表面文章。朝廷政风比较宽厚，纠正了以前秦朝机车、严酷的作风；用德行感化天下百姓，改变了之前喜欢自下告上的坏风气。公务员都老实做好本职工作，老百姓则安居乐业，财富逐渐增加。民风淳朴，社会风气比较宽松。

公元前157年，46岁的刘恒崩于未央宫。司马光总结道：汉文帝的一生是节俭的一生，是成功的一生。他注重以德服人，教化百姓，因此国家太平，百姓富足，后世的皇帝很少能够获得他这样的成就（帝专务以德化民，是以海内安宁，家给人足，后世鲜能及之）。

领导艺术一：广开言路，仁政化民

汉文帝是一位非常低调务实、充满爱心也颇有智慧的领导人。他貌似不太作为，行黄老之术①，但是他真正关注的是如何在官场里营造一种安全的政治气氛，鼓励大家积极建言献策。他也非常重视倾听大臣们的意见，有道理的就马上采纳落实；没道理的听听就算了，也不追究人家乱讲话的责任。他听取了贾谊的建议，实行了"刑不上大夫"的操作，让高级领导人免受身体与精神的双重折磨（具体雷总后面会介绍）。同时他还极富爱心，润物细无声地把当时许多的严刑峻法慢慢地降低标准，甚至逐步取消，给民间百姓也创造了一个宽松的生存环境。

---

① 黄老之术：始于战国盛行于西汉时期，尊黄帝和老子为创始人，以道家思想为主，采纳阴阳、儒、法、墨等学派观点，是强调天道自然无为、人道顺应天道的一个流派。

这一点对我们现代人而言可能觉得没有什么，但当时秦朝的严刑峻法实施了多年，老百姓动不动就犯法受刑。脸上被烙铁刺个字还算是轻的，弄不好一不小心就被割了鼻子，或者剁手剁脚，非常残酷。而且同样的刑罚不仅对百姓，对官员也同样适用。当年李斯贵为宰相，被赵高诬陷后五刑处死，死法实在太过残忍，雷总都不忍描述。

在这样的历史背景下，汉文帝极其智慧地实施了相对宽松无为的政策，给官员和老百姓都留出了空间。官员可以安心地做好本职工作，老百姓可以安居乐业，吏民安心专务本业，自然也就国泰民安了。

接下来，我们就分享一些汉文帝的小故事，来细品他的领导艺术。

1. 博采群议，善于倾听
（《资治通鉴》十三～十五卷，汉纪五～七）

文帝善于纳言，在历史上非常著名。据说他上位后不久就发生了一次日食。在古代，太阳代表天子，日食则是寓意天子的行为有缺陷，上天用日食的方式来发出警告信息。

Get 到上天信息的文帝立刻下诏，给群臣布置功课，要大家针对他的过失，还有认识不到位的地方提出深刻的批评意见［群臣悉思朕之过失及知见之不所及，匄（gài）以启告朕］。光提意见还不算，他还要大家举荐有品德、敢说话的人，时刻提醒，纠正错误（及举贤良、方正、能直言极谏者,以匡朕之不逮)。传递出一个很好的政治姿态。

文帝是个实在人,不仅表姿态,还很注重落地执行。这份诏书下去之后,马上有人上书言治乱之道。这个上书人的身份很有意思:颍阴侯骑贾山。这个颍阴侯叫灌婴,是刘邦建汉的大功臣,后来还做过丞相;而这个贾山是他的骑从,直白了说就是个保镖(骑者,盖在侯家为骑从也)。一个高级官员的保镖向皇帝建言治乱之道,搁哪一朝都会被当成个笑话被大家嘲笑。可是文帝很仔细地阅读了这封上书,对其中减少皇帝与大臣游玩宴请的建议觉得很好。他对小贾同学提出了通报表扬,并采纳了他的建议(上嘉纳其言)。

这件事情传出去后取得一个意想不到的结果:文帝每次上朝,都会有中低级官员跪在路边要向皇帝上书提建议,文帝不得不经常停下车辇,听大家的发言(上每朝,郎、从官上书疏,未尝不止辇受其言)。当然,不是所有的建议都是有道理可执行的。文帝也是个明白人,能用的就采纳,不能用的听听就算了,但是口头上都会说:"很好很好(言不可用置之,言可用采之,未尝不称善)!"

这些低级别的官员本来就没啥机会上朝见皇帝汇报工作,没想到老板不仅停车听他们发表意见,还称赞他们"很好很好",大家都激动得热泪盈眶,回去后工作干劲更足了。有的发现自己的提议居然还被采纳执行了,那积极性就更高了!汉朝帝国的朝堂上顿时充满了积极议政建言的清新气氛。

在如此众多的上书建言中，雷总觉得有两个人需要和大家重点介绍。因为这两位上书的数量和质量都非常高，对汉文帝时期的很多政策都产生了极大的影响。很巧合的是，雷总发现他们居然是同年而生（公元前200年），一位叫贾谊，一位叫晁错。

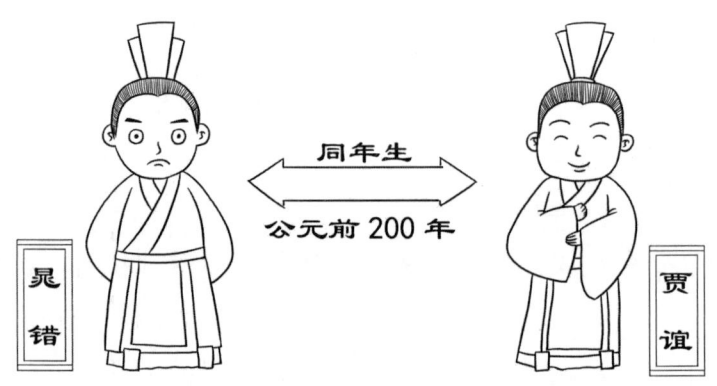

先说说贾谊。这是一个少年天才，很早就因为有才华而崭露头角，20岁出头就被举荐成为博士，成为皇帝御用智库里最年轻的成员。贾博士在文帝欢迎大家提意见的诏书下达后，非常激动。他回家深思熟虑，憋了个大招，写了一篇《论积贮疏》。文章原文很长，大致的意思是第一产业（农业）很重要，是天下的根本；汉帝国建国四十几年了，国家经济底子薄积累少，随便一个大灾或者一场战争就把家底给败光了；要以农为本，要少浪费多积累，才能让国家富强，百姓安定。

贾谊的故事

汉文帝读完这篇文章后非常感动（上感其言）。他不仅感动，还有行动。文帝前二年正月（公元前178年），文帝本人亲自下田耕种，为天下百姓做表率（上亲耕以率天下之民），并大力号召老百姓要以务农为本，把农业打造成国家经济的支柱产业。这是有历史记载的第一次皇帝亲耕。

同年九月，在当年的农业丰收后文帝下诏：农业是天下的根本，也是百姓所依赖生存的基础；如果百姓不专心务农而做其他行当，生存就会受到影响。对此朕非常担心，因此亲率群臣耕种，劝民以务农为本，并赐天下百姓今年田租减半！这也是有历史记载的第一次皇帝向全民派发田租让利大红包。

贾谊的这篇上书和文帝的举动对中国历史产生了非常深远的影响。从此以后，农业始终被视为国家之根本，"重农轻商"或者"重农抑商"成为中国历史各个朝代的基本国策，直至清朝。

贾谊年少得志，又有这篇重量级的上书得到皇帝的重用，不免被人嫉妒。"木秀于林，风必摧之"这句老话在哪里都是屡试不爽的至理名言。当朝廷讨论后备干部选拔，准备提拔重用贾谊时，几位重量级的大臣跳出来强烈反对。他们说贾谊是"洛阳之人，年少初学，专欲擅权，纷乱诸事"，意思是年纪轻轻，没有城府，权力欲太重，以后

肯定会出乱子的。后来组织上就没有提拔他，而是发到长沙王那里做太傅，辅佐诸侯。

没想到，去了长沙后的贾谊在两年后憋了一个更大的招，不仅惊到了汉文帝，也让一千年后的光哥（司马光）惊叹不已。为什么这

么说呢？因为光哥（司马光）罕见地在《资治通鉴》中用了整整10页的篇幅，几乎是全文 copy paste（拷贝粘贴）贾谊的这篇著名上书《治安策》，而文帝在位23年所有的记录加在一起也才70页。在这封上书中，他详细讲述了让贾谊"痛哭流涕长叹息"的十大政治问题，并为文帝提供了具体的政治解决方案，包括如何对待藩王、匈奴政策、精神文明建设、继承人的教育、国家法治建设等。

其中有一条建议对日后帝王处理高级官员的方法产生了深远的影响，那就是"**刑不上大夫**"。

说到"刑不上大夫"，大家可能以为这句话是为了保护高级官员，把严刑峻法只用在老百姓头上，而不用在当官的身上。其实贾谊的意思是：高级官员都是有节操重脸面的，如果犯法，不能用刑也不能羞辱，而是让他们自我了断。

这件事情是有当时真实案例作为背景的。绛侯周勃是当年铲除吕氏的大功臣，也是拥立汉文帝的主要决策者，是对国家做出重大贡献的老同志。退休后由于被污蔑造反，被相关部门抓起来调查，在狱中受到百般欺辱，用了千金贿赂狱卒才得以洗清罪名出狱。周勃出来后感叹道：老子曾经指挥千军万马，却没想到这小小的狱卒居然比我还厉害（吾尝将百万军，然安知狱吏之贵乎）！

在贾谊看来对高级官员动刑罚是非常不可取的。一方面，这些大臣都是皇上身边的人。所谓投鼠忌器，搞他们说不定一急就说了不该说的高级机密，伤了皇上的面子。另一方面，把这些平时呼来喝去惯了的老爷们交到狱卒手上，难免成为这些下等人报复发泄的对象，刑狱处罚很容易成为对大臣莫大的屈辱。"刑不上大夫"是给了他们面子，免受刑狱之辱，但是犯错还是要付出代价的，代价就是自己了断。所以这句话归根结底就是：大臣犯罪，自己了断，全了皇上面子，也给了自己面子。

文帝对贾谊的整篇上书很是赞同，尤其是"刑不上大夫"这一点（上深纳其言）。自此之后，汉朝就形成了这样不成文的规定：大臣有罪，自己了断，不加刑罚（是后大臣有罪，皆自杀，不受刑）。后来文帝的舅舅薄昭犯罪，文帝派群臣穿着丧服前去哭吊，逼着他舅只得自杀谢罪。

贾谊年少有才，政论出色，又遇上了文帝这样善于倾听意见的帝王，留下了对中国历史产生深远影响的重大政治决策。可惜的是他英年早逝，由他辅佐的梁王坠马而亡，贾谊作为太傅承受不了打击，抑郁而终，终年三十三岁。司马迁叹息于他的才华，在另一部史学巨著《史记》中将贾谊与自己的偶像屈原写在一篇合传①里，因此后人称他

---

① 《屈原贾生列传》：出自《史记卷八十四·屈原贾生列传第二十四》。

们为"屈贾"。

说完贾谊,再聊聊晁错。大家对这个名字可能比较熟悉,因为汉景帝时期有个著名的七国之乱,导火索就是这个晁错。他向景帝提出要削藩,把诸侯国的权力都收归国有,动了人家的奶酪。为了保住自己的奶酪,七国藩王不得不起兵造反,打出的旗号就是"诛晁错,清君侧"。

在文帝时期,晁错还没那么招人恨。他当时还是二十出头的小鲜肉,据说为人比较高冷,讲话比较直,有时候还有点刻薄,不太给人面子(错为人峭直刻深)。因为口才好,辩论水平高,晁错被太子看中招入门下,在太子的阵营中得了个外号:智囊。意思是一身所有皆是智算,好点子多得就像装满了好东西的大口袋。这也是我们现今常说的"智囊"一词的来源(感觉又涨知识了)。在《资治通鉴》的记载里,汉文帝一朝在贾谊之后,上书记录最多的就要数晁错这个大口袋了。

晁错上书有个很有意思的特点。他不像贾谊,动不动就洋洋洒洒一大篇,恨不得把当时所有的政治问题都说个遍。虽然很有才华,读起来很爽,但是有时候也会招人烦,失去了重点。晁错每次上书就说一件事情,但是里面有很深的套路。不管皇帝是否同意这件事情,下一次上书他都会顺着这个套路把下一个事情也引出来接着说,套路着皇帝直到同意他的建议为止。下面我们就来看看晁错深深的套路。

文帝前十一年（公元前 169 年），匈奴屡次侵犯边境，让文帝很头疼。当时汉帝国对匈奴采取的还是比较怀柔的政策，原则上不愿意发动大规模战争，如果可能尽量用和亲的政策，以姻亲来换取和平。但是匈奴人有时候也不太遵守承诺，这边刚刚娶了人家当老婆还拿了点嫁妆，没过多久又来边境抢钱杀人了。匈奴都是骑兵，来得快去得也快，抢完就走。而汉朝这边以步兵为主，行动比较慢，等听到消息、集合部队、开到事发地点，匈奴大兄弟早就跑得没影了。那如果派人在边境长期驻守呢？这虽然有一定效果，但是军队驻扎就需要军粮，这么多军粮从哪里出？而且匈奴人是游击作战，没有固定的行军线路和作战计划，派军队常驻边境就得覆盖所有可能的被攻击点，这是一笔很大的开销，汉帝国根本负担不了。此外，边境常驻部队也有可能好几年都见不到一个匈奴人，部队在边境没事干，管理不好就会成为安全隐患，骚扰当地的百姓。如果驻守一阵再把人撤回来，过几天说不定匈奴大兄弟又来了。总而言之，中国历史上北面的游牧民族对中原政权来说，一直是个老大难问题，怎么都不好办。

针对这个老大难问题，晁错给汉文帝上书，详细分析了匈奴的三大长处与汉军的五大长处。建议文帝利用少数民族投降过来的民众，结合汉军的将领与武器，组织起一支边防军抗击匈奴。这样一来就能把汉军与匈奴人的长处结合在一起，大大提高部队的战斗力（两军相为表里,各用其长技,衡加之以众,此完全之术也)。

汉文帝虽然不懂军事,但是觉得用汉将来领导少数民族投降部众的事情好像不太靠谱。按照他的套路,文帝对晁错进行了表扬,还赐给他书看,并亲自召见做了些问答。表面功夫做得很到位,其实心里不以为然。

文帝虽然没上套,晁错还是继续他的表演。没过多久晁错"又上言":"上次皇上听了我的建议派出部队治理塞下边境,真是太英明了(甚大惠也)!"其实人家汉文帝根本没有采纳,不知是不是梁静茹给他的勇气敢说出这样的话。

紧接着他又建议文帝招募民众居住在塞下边境。这种操作手法以前在秦朝有过,但是用的是行政命令,老百姓不想去也得去。晁错觉得要用经济手段,为了吸引老百姓愿意去危险的地方,条件必须要开得很诱人:比如只要肯到塞下边境安家,国家提供住房和生产工具(先为室屋,具田器);刑事犯罪人员免罪,清白无罪者加爵位(免罪、拜爵);此外国家还提供四季的衣物、粮食,直到能够自给自足为止。

不仅如此,晁错还建议只要谁能阻挡匈奴进攻,保护住他人生命财产的,被保护者需要分给人家一半的财产作为奖励(胡人入驱而能止所驱者,以其半予之)。这个力度就太大了!大家想想看,这就相当于国家鼓励大家去边疆支边,只要去的人,国家就给房给车还给荣誉称号。如果你胆儿够大,敢和匈奴人比画,说不定还能分别人的财产。这绝对是穷苦人民翻身致富的大好机会啊!

这一次汉文帝听懂了,也采纳了晁错的建议,于是募民徙边的政策正式实行(上从其言,募民徙塞下)。

到这里,雷总觉得晁错应该很满足了,没想到他还不消停,继续顺杆子爬。募民徙边的政策实施后不久,晁错再次上书(错复言):"幸好陛下实行了募民徙边的政策啊,真是太英明了!现在老百姓到了塞下了,接下来我就来说说怎么让他们在边境长期稳定地住下来吧……比如屯田……比如伍长制度……blah blah blah……。"

文帝都快被他烦死了。没办法,既然已经上了他的套路,也只能耐着性子听,有道理可以执行的还是要执行。在晁错的套路下,汉帝国开始了移民、实边、屯田、管理的一条龙政策。这也是中国历史上最早用经济手段鼓励募民徙边的政策,从实际操作效果来看还是起到了很好的作用。后来不少朝代也实行了类似的政策,稳定了边境,这个功劳要算在晁错和他的领导汉文帝的头上。

晁错不仅对边境问题很有研究,对鼓励务农也很有办法。为了鼓励大家多种粮食,晁错上书建议了一个非常具有实操性的做法:**贵粟**。具体来说就是**改变用金钱来赏罚的方式**,而是改用粟米。比如以前拜爵位很多是花钱买,现在规定多少钱也不卖,除非你用粮食来换;以前花钱可以免除一些轻罪,现在也要拿粮食来换。这样一来粮食就成了硬通货,老百姓种粮食就是等于在自家地里印钞票,积极性老高了!种完的粮食卖给商人用来买爵位或者自己用来赎罪,国家拿着换来的粮食又可以用来支付边境的军队开支。这真是个人和国家双赢的好建议!文帝听后立即执行,并为各个爵位开出了对应的粮食价码,比如六百石为上造,四千石为五大夫,一万两千石为大庶长。

紧接着晁错又玩起了他的套路,他马上再次建议(错复奏言):"皇上您决定用粟米来拜爵,充实边境,真是太英明了!(呃……又来了)只要这个政策实行一段时间,边境的粮食就够五年之用;然后我们再把粮食输送到国内各个郡县,郡县的粮食储存不满一年的建议不定期地免收田租了。这样国内的老百姓会感激您的恩德,更加勤于务农,国家就会更加富强啊(如此德泽加于万民,民愈勤农,大富乐矣)!"

文帝已经习惯了晁错的套路了。于是文帝前十二年(公元前168年),汉文帝再次下诏发放大红包,免除当年一半租税。

    读完汉文帝的这些故事，雷总觉得非常感慨，也非常羡慕文帝时期的官员。**一个好的领导，鼓励大家说出自己的意见，听到有道理、可以用的建议就马上落实执行，作为提建议的手下心里应该是满满的成就感与自豪感**。雷总认为这里的关键点不是文帝的"听"，也不是听到有用的建议后立即"执行"，而是手下的"说"。

    为什么贾谊、晁错敢说？有些还是非常敏感的话题（如太子的教育、诸侯的处置、刑不上大夫等），而且他们敢于一而再，再而三地说（复言，又上言）？甚至有些低级的官员还敢拦下皇帝上朝的车辇当场上言？这并不是因为汉朝官员的胆子大，不怕死也不怕得罪人，而是因为汉文帝刘恒给他们创造了一个宽松安全的氛围，让他们可以放心大胆地说。

    汉文帝接受并表扬了颍阴侯骑保镖贾山的上书，表明不管你级别高低，只要上书讲得有道理我就会听；汉文帝随时停车接受低级官员的上书建言，不管有没有道理都"称善"，表明哪怕你说得不对，我都不会处罚你，还会鼓励你以后继续提意见。

    这样做看上去很 easy，就是听听意见、在上书末尾写个"准"而已。其实领导会心很累,因为大家都会来找你讲想法、提意见,占用很多时间和精力,而且有些意见比较尖锐,如果触碰到了利益关键方,甚至会让领导个人很不舒服(比如贾谊的"痛哭流涕长叹息")。这需要领导要有一颗强大的心,去坦然包容并接受不同的意见,不加情绪与感情地去甄别建议,并付诸实施。正是因为有这样貌似轻松实则心累的领导,才能为手下创造这样一个人人都觉得有安全感的环境,大家可以畅所欲言,对整个组织有认同感,对整个团队有责任心。也只有这样的领导才可以听到下面真实的情况,了解到问题的所在,对整个局面具有清晰准确的认识;同时能激发手下的主动性去提出建议,解决问题并获得成就感。

敢于让手下放胆直言,容忍说话难听的直臣与诤臣,这样的领导貌似柔弱,其实强悍。

相反地,在日常的工作中,我们常常会看到一些领导非常能干、强悍。在与团队的讨论与沟通中,他们对很多事情都有自己非常强的个人观点和见解,对很多决定也都会有自己先入为主的判断。可能大多数情况下他(她)的意见是正确的,这就更加增强了他们的自信,在决策过程中就会比较强势。手下团队基本都是跟着老板的基调走,不会也不敢说出不同的意见,生怕说错了被老板骂或者被视为异己。在这样的领导风格下,整个团队看似意见统一、执行力很强,但是团队成员的认同感与责任感很弱。反正都是听你的,老板说了算,我们说什么都说不过你,也说了不算。那就多说不如少说,少说不如不说,都依你呗。

这样的组织在顺境时可能还好,但是遇到了逆境就会碰上麻烦。大家都习惯跟着老板的思路走,不愿也不会提出自己的想法。当老板自己也一筹莫展、没有方向的时候,大家只会跟着一起抓瞎,不知所措。或者明明有想法也不敢提,怕不合老板心意被骂或者成为背锅侠。这样的领导心累、身体更累。

明末崇祯皇帝就是一个典型的例子。他非常勤勉,也非常自信。他总觉得自己一心为了大明江山操劳,天天干得累死累活;而手下的文臣武将全是一群废物，要么贪生怕死，要么只知道捞钱。他刚愎自用，行事急躁，出了问题就找手下人背锅，在位十七年换了五十个内阁大臣。在这样的领导风格下，大臣们普遍没有安全感。大家既不敢敞开说话，也不敢做事，更不敢担责。当李自成兵临城下时，手下人都知道迁都南京是唯一正确的选择，却没有一个人敢提。直到最后，崇祯皇帝落得个困守京城，自缢而终的悲惨结局。

事事有自己的强烈判断与意见，导致手下不敢提出不同的想法与建议，这样的领导貌似强悍，实则软弱。

2. 仁爱之心，以德服人
（《资治通鉴》十三～十五卷，汉纪五～七）

汉文帝八岁被封为代王，和母亲薄氏在封地太原相依为命，过着平淡的生活。这对母子从来就没有被刘邦与吕后正眼瞧过，在登基之前也从未成为朝廷关注的焦点，存在感几乎为零。正因为如此，汉文帝刘恒年少时有幸没有被卷入残酷的宫廷斗争中。他性格沉静、行事低调、与人为善，深知平常百姓的生活状态与人间疾苦。当时的刘恒只想安安静静做个低调的代王。

这位低调的代王在23岁那年突然被命运撞了一下腰，一个趔趄坐上了九五至尊的宝座。23岁的年轻人，突然拥有了至高无上的权力，换作是你会做些什么呢？是广纳宫女、日日游宴、放纵享受呢？还是宵衣旰食、白天上朝、晚上加班、疯狂工作呢？不同的选择反映了不同的价值观，也反映了不同的胸怀。文帝刘恒在上位的第一年做了两件事情，展现了宽广的胸怀，也让他在中国历史各朝各代的帝王中显得如此卓尔不群。

文帝前元年（公元前179年），刘恒下了一道诏书，废除实行了多年的连坐法令。关于连坐的法令最早出自秦国，在商鞅变法时期实行。后来一直沿用到秦朝，汉初仍然被采用，已经延续了170多年。这是一条对个人人权非常残酷，但对君主治理却非常有效的法律。简而言之就是一人犯法，相关的亲人还有邻居都要一起被治罪。在秦时有"伍"的组织，差不多是五家一个单位，一家出事，五家人全都要受处罚。后来这个制度又扩展到军队中，一人逃亡，其他四个人都要连坐受罚。这样的法令等于是把大家串成了一条绳子上的蚂蚱，出了事情谁都逃不掉。大家被逼着互相监视，互相告发，弄得人人畏惧，防火、防盗还要防邻居。

公元前179年

文帝即位后的元年，他就下诏：法律是治理的正道（法者，治之正也）。如果犯法者已经被绳之以法，但是还要追究无辜的父母、妻子等相关人的责任，没收他们的财产或者收为奴隶，我觉得这样做很不合适（朕甚不取）。从今天开始，废除相关连坐法令！史书上没有记载这道诏书的效果，也没有记录老百姓对这道诏书的反应，但雷总相信这道充满人文情怀的诏书免去了许多百姓的无妄之灾和莫名而来的痛苦。

没过多久，文帝又下了一道诏书，这道诏书是关于照顾社会弱势群体的惠民政策。文帝元年下诏赈济鳏寡孤独及穷困之人。这里的"鳏寡孤独"是指四类弱势群体："鳏"是失去妻子的男人，"寡"是没了老公的女人，"孤"是没有父母的孤儿，"独"是没有孩子的空巢老人。古代发明造纸术之前都是用竹简记录文字，竹简制作成本比较高，所以写作用词特别精简，简单的四个字就包含了很多的含义。

惠民政策　关爱鳏寡孤独

不仅如此，诏书还特别规定对八十岁以上的老人，政府每月发米、肉还有酒（雷总不知道八十岁的老头还能喝吗）；九十岁以上的老人还发穿的、盖的，棉衣、被子。为了确保惠民政策落地，他还明确要求县长要亲自检查（长吏阅视），县办公室主任（县丞）或公安局局长（尉）要亲自送到人家里（丞若尉致）；相关领导还要派巡视组巡查，监督执行（二千石遣都吏循行，不称者督之）。雷总觉得这道诏书还是很有水平的，说明文帝不仅有着博爱的胸怀，而且深刻地知道基层官员在执行时的游戏规则。

这两道诏书还只是文帝刚上位初期的表现。在当了皇帝十多年后，文帝做了一个改变中国刑法的重大决定，其意义更加深远。不过这个决定不是文帝自己想出来的，而是源于一个女人。

免除肉刑

有一位官员淳于意①犯了罪，根据法律应当押往长安处以刑罚，

---

① 淳于意，姓淳于，名意，临淄（今山东省淄博市）人，西汉著名医学家。

而且是残酷的肉刑。这里的肉刑不是割你身上一块肉，而是要对犯人的身体进行残害，根据犯罪程度分成五等：最低一等的是黥刑，就是用烧红的烙铁在脸上烫个字还要涂上黑墨；往上是劓刑，按字面意思理解就是割鼻子，这还不算残忍的；再往上刖刑，就是剁脚，根据不同的罪行有的砍左脚，有的砍右脚；再往上就是大家比较熟悉的宫刑，雷总就不解释了哈；顶级的是大辟，就是死刑，有时是斩首，严重的是腰斩。当年秦丞相李斯被赵高迫害，尝遍了这五刑，最后被腰斩而死，非常残忍。

光哥（司马光）没有具体说淳于意会受哪种刑罚，估计至少是劓刑以上的等级。他的小女儿缇萦想到父亲即将遭受的残害，实在是于心不忍，就斗胆向汉文帝上书："小女父亲在齐国做官，名声颇佳，如今因为犯罪即将遭受刑罚。小女觉得被伤害的肢体不可复生，受刑之人也不可康复，即使有改过自新的想法，也无法实现了。为了替我父亲赎罪，小女自愿受罚成为官家的奴婢，让老父亲有个改过自新的机会。皇上，求您了！"

汉文帝看到这封上书后，被缇萦愿意牺牲自己拯救父亲的孝心深深感动了（天子怜悲其意）。文帝前12年（公元前167年）五月，他下了一道诏书，书中写道："《诗经》说'恺弟君子，民之父母'，如

今人犯了过失,未施教化却先行刑罚,即使有人愿意改过自新也没有办法,朕觉得这些人很可怜(朕甚怜之)!肉刑切断人的肢体,在肌肤上刻字,一辈子都无法恢复,为什么刑罚如此残酷而无德呢?这哪里是民之父母的本意呢?从今开始,我宣布废除肉刑,改为其他刑罚,有罪之人不逃亡的,满其年数后免为庶人。将此令写入法律条文,即刻生效(具为令)!"

就这样,缇萦这位弱小的女子用一封上书推动了中国历史刑罚制度的重大改变。

根据领导的指令,丞相、御史大夫等立即更改法律,将相关的肉刑变成笞刑,就是用竹板打身体(包括背部、臀部和腿部)。不过当时的笞刑还是很严厉,通常要打三五百下,一般人都挺不过去,致死致残的比例很高。再后来,文帝的儿子景帝又修改了相关规定,把笞刑的工具做了改良,并且规定只能打肉厚部位(即屁股),而且打屁股的数量也相应减少,从而使得刑罚之下致残和致死的人数大大减少(笞者得全)。自此之后,从先秦开始实施的残酷的肉刑制度逐渐退出了中国历史舞台,汉文帝的这道诏书也被称为"**千古仁政**"。

大家知道,从商鞅变法开始,法家思想盛行,在秦朝达到巅峰。那时的执政者总觉得治理百姓要执法从严,只有惩罚措施到位了,老百姓才不敢乱来。在法家思想的统治下,老百姓是很痛苦的,所以才会有贾谊"天下苦秦久矣"的说法。

那如果对老百姓宽松会不会造成纵容恶行，罪犯横行的局面呢？汉文帝用他的治国实践给出了答案。《资治通鉴》评价文帝时期的法制情况时如是说：罪疑者予民，是以刑罚大省，至于断狱四百，有刑错之风焉。意思就是：有罪的人一般都从轻发落，因此减少了很多刑罚；刑罚轻了，老百姓的犯罪行为反而大大减少。汉文帝以德服人，民不犯法，无所刑也！

雷总小语

文帝既是一位有着深厚人文情怀的领导，也是一位充满爱心的领导。他管理官员重在给予大家安全的政治环境，使官员们敢于畅所欲言，建言献策，不会因为说错话而被追责或者背锅；他管理百姓也是重在给予大家宽松的生存环境，既能不时地享受田租减免的大红包，让弱势群体得到惠民政策，又不会动辄得刑，惨遭连坐或者肉刑之苦。

这是一种很高超也很哲学的管理艺术。你越是执着于管理的效率、越是对官员和百姓约束紧迫，实际的效果越是适得其反，南辕北辙。因为官员会失去动力，怠于政事，而百姓会穷困无路，被逼造反，就像之前的秦朝以及后来王莽的新朝所经历的那样。而当你有一颗宽容而博大的爱心，给予官员和百姓信任与大爱，官员们反而充满动力积极为政，百姓也会安居乐业，不犯刑法。"文景之治"之所以在中国历史上有如此高的地位，关键就在于汉文帝刘恒所拥有的这份宽容而博爱的心胸。

扫码读原著
汉纪五

3. 德化天下，仁者无敌

（《资治通鉴》十三卷，汉纪五）

汉文帝刚刚上台不久，就很艺术地处理了内部事务，鼓励群臣积极建言献策；在外交事务上，他也秉承了一贯的以德服人的做法，令自己的对手也是心悦诚服。

这里的对手指的是南越王赵佗。说起这位兄台，也算是个有传奇色彩的历史人物。赵佗原来是秦朝的将领，当年奉了秦始皇的命令率领50万秦军去征服岭南。任务完成后，根据始皇帝的安排，他就和这支秦军一起驻守在了岭南地区（现广东、广西一带）。后来秦末大乱，赵佗割断了与中原的交通，在岭南就自己称王了。那时候的岭南和现在的广东根本没法比，还属于非常原始落后的状态，说是刀耕火种都不算太夸张。高祖刘邦初定天下，没有精力去收服南越，就派人送去了南越王的印绶，表明中央政府承认赵佗南越王的合法地位。赵佗也是个明白人，就顺势臣服汉朝，衷心拥护以刘邦为中心的汉朝中央政府。

双方就这样相安无事了很多年，岁月静好的日子被一个女人给搅乱了，她就是刘邦的老婆——吕后。大家都很熟悉吕后的狠辣手段，这是一个占有欲与复仇欲极强的女人，对于远在千里之外的南越国她也有想法。吕后在位的第七年，汉朝突然宣布禁止向南越国出售铁器。对于不产铁矿的南越国来说，这可是要了命。于是两国的双边关系迅速恶化，双方的贸易战与口水战不断升级，最后干脆就动起了手。吕后派了一支大军前去收拾赵佗，结果连南岭山脉都没越过，大军就因为水土不服倒下了一大片（会暑湿，士卒大疫，兵不能逾领）。不久之后吕后去世，汉朝撤军，赵佗就乘势左右出击，把闽越（福建）和西瓯（贵州）都控制住了。虽然都是当时落后的穷地方，但是南越国版图东西万余里，看上去老有腔调了。赵佗一激动，就忍不住称帝了（乘黄屋左纛，称制与中国侔）。

文帝一上手就面临着这样一个棘手的局面。打吧？兴师动众，劳民伤财，还没啥好处。不打吧？看着赵佗老儿这么嚣张，不好好收拾一下，其他小弟也会学样的。文帝会怎么处理呢？我们一起来看看。

赵佗称帝

汉文帝先做了几件事情：他到赵佗的老家真定把赵佗家里人的坟好好修了修，还派人守护，逢年过节按时祭祀；他把赵佗的亲弟弟招来做官，还给予了赏赐。做完这几件事情后，他找来了当年代表刘邦第一次出使南越国的大使陆贾，派这个南越国的老朋友再次出马，给南越王带了一封意味深长的信。

这封信开头是这么写的："我是高皇帝侧室的儿子，原来在代国做藩王，那里山高路远，非常闭塞，所以没有机会和您通信。如今高皇帝已经不在了，孝惠皇帝（汉惠帝，刘邦与吕后的儿子）也离世了；吕后有疾病，诸吕姓官员叛乱，被汉朝的功臣们剿灭。我在各位王公大臣的拥戴下，今年刚刚即位，所以和你打声招呼先。"

文帝在开头低调地说明了自己的出身，以及怎么登基坐上了皇位。看上去这个开头非常低调,是文帝一贯的风格,但却绵里藏针,柔中带刚。我虽然出身一般,不是刘邦的嫡子,但我是受到大家拥戴而即位的当今大汉帝国的正牌皇帝。

信里接着说:"我听说南越王您曾经给我们一封信,要求善待您的亲弟弟,并罢黜长沙两位将军(长沙是和南越直接交锋的主战场)。这两件事情朕都办了,你的弟弟朕已经封了官,长沙将军朕也已经罢免了;另外朕还买二送一,把你们家的祖坟也派人修了。"

紧接着,文帝话锋一转:"就在前天,我听说您南越王又发兵骚扰我们边境。我们长沙的百姓受苦,你们南郡不是更苦吗?双方的士卒将军都有伤亡,妻子成了寡妇,孩子成了孤儿,父母成了独居老人。朕实在是不忍这样。"

这里的措辞似乎更加低调卑微,但却暗含着责问:你提出来的条件我们都已经答应照办了,那你们是不是也该守约撤军呢?你们没有啊!

到了这里文帝开始稍许强硬一些,但即便立场强硬,却仍然是以德服人:"但是不忍也不行啊!朕曾经问我的官吏,如果就此放弃长沙如何?手下告诉我,这是高皇帝打下的江山,是不能轻易放弃改变的。如果发兵打你们,得了南越之地,也没比我现在大多少,取了南越的钱财,也未必令我致富。你在岭南自治,大家井水不犯河水,本来挺好。可你偏要称帝,这天下哪能有两个皇帝、两个天子呢?按道理这事朕是肯定要和你争的,而且这样的原则问题我是不能退让的。但'争而不让,仁者不为也',这样的事情我实在是做不出来啊,你也别为难我了。"

最后,文帝提了个建议:"这样吧,过去的事情就过去了。朕愿与南越王您捐弃前嫌,从今以后,互通使者,至于终久(愿与王分弃前恶,终今以来,通使如故)。"

虽然没有明说,但是文帝的意思很明白,希望南越王放弃皇帝称号,双方不再兵戎相见。

史载赵佗读完这封信后,"顿首谢罪,愿奉明诏,长为藩臣"。他还给汉文帝写了一封回信,信中末尾写道:"老夫死,骨不腐,改号,不敢为帝矣!"

那年文帝24岁,赵佗62岁。赵佗后来又活了42年,在汉武帝时才去世,终年104岁。历史上的赵佗一直是个不太听话的刺头,可是自从收到汉文帝那封信后,他在南越国老实了40多年,没有再和汉朝叫板,直至去世。他死后25年,汉武帝对南越国用兵,将南越国正式纳入汉帝国的版图。

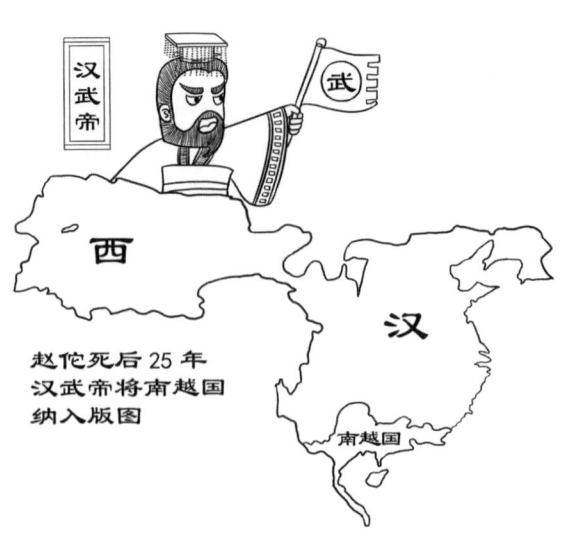

刘　恒　行仁政、养民生

　　文帝的仁德不仅体现在如何对自己的臣民，也体现在如何对自己的对手。南越王赵佗不是一个好对付的对手。他久经战阵，历经秦始皇、秦二世、汉高祖刘邦、惠帝、吕后、文帝以及后来的景帝和武帝八位君主，也算是阅人无数的老江湖了。面对这样的对手，年轻的文帝还是重在以德服人。他为人修祖坟、给赵佗弟弟封官，先在该做的事情上做到位。然后在信里，文帝也是极尽低调，说明自己的出身，并兑现了赵佗提出的条件。

　　但是文帝的仁德也不是毫无原则的，在表明自己不忍兵戎相见生灵涂炭的同时，他也明确地表示了有些事情是不能谈判的，比如两个皇帝并立。但只要有一线可能，文帝的仁者之心还是希望能尽力避免最后的决裂。所以只要南越王愿意放弃皇帝的名分，他愿意不计前嫌，互相通使，永远保持边境的和平。这也是造福两国人民福祉的好事情。

　　经验丰富的赵佗从文帝的所作所为中体会到了仁德的强大力量，也从他的信中感受到了蕴藏在柔弱外表下的至刚至强，所以他才会"顿首谢罪"，终其一生不敢称帝。汉文帝一封信换来了汉朝与南越国40多年的和平，真是仁者无敌！

刘 秀
（公元前5—57年）

一介农民，中兴汉室

刘秀虽然出身皇族，但原是一介农民，以打酱油的身份追随哥哥刘縯①参加了反抗王莽的革命，并在昆阳大捷中一战成名；后来他历经哥哥被杀、河北逃亡的革命洗礼，招揽了一批牛人，成为有实力的一方诸侯，并在洛阳称帝。称帝后的刘秀先后消灭了绿林军与赤眉军两个主要对手，平定了内部的叛乱，又收复了陇西和蜀地，终于一统天下，实现了大汉王朝的伟大中兴。

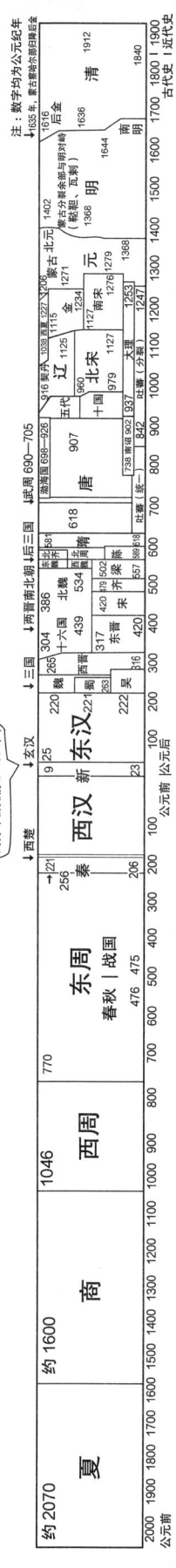

---

① 刘縯（？—公元23年）：也写作刘演，字伯升，南阳郡蔡阳县人。后被追封为齐王，谥号为武。

刘秀生活在离我们2000年前的时代（公元前5—57年），那时候西汉正日渐衰落。早前汉武帝折腾了几十年，把"文景之治"留下的底子都折腾完了还欠了一屁股债，国家连年征战人口损失巨大，有史料记载人口甚至减少一半！

所幸刘老头临走前脑子还算清楚，停止了折腾，选对了接班人和顾命大臣（大名鼎鼎的霍光）。在霍光的辅佐下，经过汉昭帝和汉宣帝两任皇帝的经营，汉帝国总算缓过了这口气（史称昭宣中兴）。

不过后来的继任者就越来越不靠谱了：先是汉元帝脑子不清楚，经常干些让人"风中凌乱"的事情；接着是汉成帝宠幸赵飞燕姐妹，把后宫搞得乌烟瘴气；汉成帝没有儿子，把帝位传给了侄子汉哀帝。

汉哀帝之后就是汉平帝,这时外戚王莽专权,也没啥好说的。所以西汉末年的"元成哀平"几位皇帝,一个比一个无下限,一个比一个更衰,这就给了外戚上台掌权的机会。王莽是汉成帝母亲王太后(这是个奇女子)的侄子,靠着姑母的支持,他历经几度沉浮后终于掌握了汉帝国的权力,并在公元8年正式"被"禅让成为新朝的皇帝,开始了他著名的王莽改革。

王莽登基做皇帝的那一年,刘秀小哥哥才13岁,是一个在南阳郡种田的农民。你没看错,刘秀是个农民。不过他和一般的农民出身不一样,他的祖上是汉景帝刘启,传到他这里是第六代,是具有皇族血统的农民。刘秀有个亲哥哥叫刘縯,喜欢结交天下英杰,颇具英雄气概。在王莽的改革实施十几年后,新朝经济崩溃,人心离散,大家都为了生存揭竿而起。刘秀在他哥哥刘縯的带领下也走上了革命的道路,以打酱油的身份开始了他神奇的一生。那一年

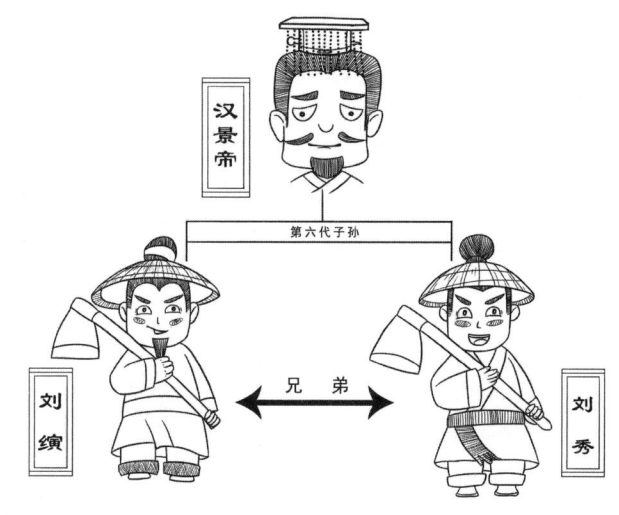

是公元22年,刘秀28岁,正是青春好年华。

一年以后,刘秀正式在历史舞台登场成为主角。他在昆阳之战中身先士卒,以少胜多,一战成名,击败了王莽的主力,直接加速了王莽的政权倒台。

获得巨大成功的刘秀随即经历了人生的第一次巨大考验:他的哥哥刘縯在起义军内部斗争中被杀害了!当时起义军推选的领导人叫刘玄(史称更始帝),也是汉朝皇族出身。为了保全自己,日后为哥哥报仇,刘秀强忍悲痛向刘玄认错,最终获得了刘玄的认可。后来刘玄派刘秀出任河北大司马,给了刘秀一个日后发展的根据地。

到了河北的刘秀如龙入海,大展拳脚,很快便赢得当地民众的拥护。就在一切似乎顺风顺水的时候,又出了一件奇异的事情为刘秀人生带来第二次巨大的考验:河北出了一个假冒汉成帝儿子的皇帝!此人名叫王朗,冒充汉成帝的儿

子刘子舆。这个冒牌货的仿真度太高,导致几乎整个河北各州县都跟了王朗。出巡路上的刘秀顿时失去了据点,被人一路追杀,狼狈奔逃几百里,终于在一个神

秘人物的指点下逃到了信都小城,保全了性命。

逃过一劫的刘秀在多位能臣干将的支持下,不到一年就站稳了脚跟,荡平了河北各方势力,开始向中原挺进。刘秀的儿子汉明帝之后曾为这些为刘秀建立东汉政权的开国功臣在云台阁画像,对应天上二十八星宿,史称"云台二十八将"。其中有文武双全的邓禹、低调谦逊的"大树将军"冯异以及"萧何再生"的寇恂。

获得手下大力帮助的刘秀逐渐成就了帝王霸业,于公元 25 年在洛阳称帝,正式拉开东汉王朝的序幕。那一年,刘秀参加革命才 3 年,正值而立之年。建国后的刘秀面临两大对手:一个是定都长安的老领导刘玄及其绿林军,另一个是起自山东的赤眉军。他运用螳螂捕蝉、黄雀在后的策略,利用赤眉军击败了刘玄的绿林军,又精心布置瓮中捉鳖的战术,最终包围并消灭了赤眉军。

眼看主要的对手都被消灭了,似乎大局已定,但刘秀的手下却突然接连反叛。至于反叛的原因真是五花八门,有的甚至令人啼笑皆非,让人不禁感叹真是林子大了什么鸟都有。刘秀前后花了 3 年时间，平定了这些反叛。接着又用了 6 年的时间，付出了巨大的代价，才走完了万里长征的最后两步：收复陇西和蜀地，也就是成语"得陇望蜀"的由来。

公元 36 年，41 岁的刘秀历经十数年征战，终于重新统一了天下，光复了汉高祖刘邦的基业，使得汉朝的国祚又得以延续了近 200 年。

一统天下后的刘秀很勤勉也很务实。虽然他本人是靠武力打下的天下，但却懂得任用文吏管理国家。他做事谨慎，对大局把控能力强，有多大能力办多大事，从来不托大。经历多年战乱的汉皇朝百废待兴，经过他 20 年的治理再现了太平盛世，史称"光武中兴"。

这就是刘秀的生平：他虽然出身皇族，但原是一介农民，以打酱油的身份追随哥哥参加了反抗王莽的革命，并在昆阳大捷中一战成名；后来他历经哥哥被杀、河北逃亡的革命洗礼，招揽了一批牛人，

成为有实力的一方诸侯,并在洛阳称帝;称帝后的刘秀先后消灭了绿林军与赤眉军两个主要对手,平定了内部的叛乱,又收复了陇西和蜀地,终于一统天下,实现了大汉王朝的伟大中兴。

领导艺术二:低调谦和,刚柔并济

历史上总评说刘秀是中兴汉室,但雷总觉得从当时天下纷乱和刘秀起于田间的情况来看,他基本上是重新建立一个新的帝国,属于开国之君的地位。传统上我们认为强有力的领导人应该像秦皇汉武这样雄才大略,杀伐果断,开疆拓土,威风八面,然而领导人刚猛过度也会造成很大的负面作用:秦王朝四处征战劳役,耗尽了国力,只经历二世便亡了;汉武帝也是穷兵黩武,甚至曾经为了几匹汗血宝马劳师远征,他晚年也对自己进行了深刻反思,还下了罪己诏。

雷总之所以对刘秀的领导力非常推崇,是因为他的武力值与行动力都超强,为政处世非常务实,识人用人的手段也很高超,该忍辱负重的时候演技到位,对手下甚至对敌人都有情有义,关键为人还很低调。刘秀用他的行为和成就告诉我们,一个优秀的领导人也可以低调谦和,刚柔并济,行事果决却又心怀慈悲,真的是才能与人品兼具的好老板。

下面我们就来分享几个刘秀的历史故事。

1. 勇于担当,身先士卒

(《资治通鉴》三十九卷,汉纪三十一)

扫码读原著
汉纪三十一~三十二

公元 23 年 2 月,更始皇帝刘玄登大位,汉军向王莽宣战。从那天起到新朝灭亡只有短短几个月的时间。大家以为那几个月肯定是摧枯拉朽,望风披靡,轻松拿下,其实不是这样。

老王费尽心机几十年、死了好几个儿子,好不容易坐了这江山,哪能这么容易就把权力给交出去的?况且这权力只要一脱手,那就是全家老小死无葬身之地啊!没门儿!于是,老王也赌上了全部身家,他令王寻、王邑率领四十万精锐(号称百万)向汉军压来,要一举消灭山东的汉军。这场大战不仅决定了新朝的命运,也

令刘秀一战成名。这就是史上著名的昆阳大捷。

如果你查下地图就会发现,昆阳是个小县城,在今天河南平顶山市。那为什么选在昆阳干这一仗呢?其实说来好笑,这是一个被迫的选择。话说王寻、王邑带领大军到达洛阳,旌旗招展,人强马壮,还有很多猛兽助阵(驱虎豹犀象之属以助威武)。这个架势一摆,早把绿林军那帮乌合之众给吓尿了,很多人当即作鸟兽散(皆反走)。部分主力躲进了昆阳城,都想着老婆孩子还有抢来的金银财宝,盘算着赶快散伙回家,也没有准备和人家死磕。

可惜,想法是美好的,现实是残酷的。王家兄弟带这么多人出来不是旅游观光的,怎么也要来个旗开得胜,壮下军威。昆阳离洛阳才两三百里路,正好当个头盘。于是,他们率领几十万大军把昆阳团团围住,连只鸟都飞不出去(围之数十重,列营百数)。汉军中有人已经暗中准备投降,偷偷递了消息,恳求放条活路。但人家王将军不肯,一心准备把这个小小的昆阳城给灭了。这下好了,跑也跑不掉,降也降不了,急得那帮家伙都快哭了!

危急时刻,方显英雄本色。刘秀站出来说话了:"今天这个局面,敌强我弱,大家头脑清醒一点,如果还想着保全自己的老婆孩子,而不是齐心对敌,昆阳完蛋了,大家就一起玩完了!"

这伙人平时对刘縯比较服气,对刘秀则是爱答不理,但到了这个时候,大家也都没了主意,于是说:"那兄弟你说咋整,我们听你的(更请刘将军计之)。"刘秀的办法就是搬救兵,兄弟你们给我顶住,我去找人去。当天夜里,他带上十三骑从南门偷偷出城,

闯过重重关卡(几不能出),去找救兵去了。

其实这一招也挺险的。它能够成功必须基于两个前提条件:第一,人家肯派救兵来救昆阳城;第二,昆阳城能坚持到救兵到

来。好在刘秀嘴巴能忽悠,和昆阳城附近有部队的人一通利害关系摆下来,居然凑了好几万人来救援。王邑将军那边又是死脑筋,兵法说围师必阙,你给人条活路才能瓦解守军死守的决心,他却偏不给人活路,逼着守军和他死磕。城里的人也雄起了一把,硬是扛到刘秀回来。所以等刘秀带着救兵回来时惊奇地发现,昆阳城居然还在!既然城在、人在,那就有打一打的本钱了。一场大战一触即发,刘秀开始了他人生第一场精彩的演出!

刘秀带着几万救兵来到,亲自率千余步骑为前锋,在距王寻、王邑大军四五里的地方布下阵势。王家兄弟一看,切!才这么点人,他

们随手一挥派兵数千迎战,心想这还不像拍个苍蝇一样。没想到好个刘秀,一马当先,率军力战,自己一个人就"斩首数十级",威镇前军。

其他跟来救援的人一看,大喜,说道:"刘将军平时看见小敌有点害怕,今天碰上大敌反而很生猛,真是奇怪啊(平生见小敌怯,今见大敌勇,甚可怪也)!"你看这话说得,听着就让人不舒服。更不舒服的话还在后面:您这么猛,还是接着打前阵吧,我们在后面帮您一起打(且复居前,请助将军)。说得挺好听,其实大家都明白:送死您先上,功劳大家分,您要是光荣了,我们在后面跑起来也快点。

刘秀也不傻,这不是较真的时候,只有不断取胜,才能把这帮墙头草拉在身边。于是他继续进攻(秀复进),打得那几千敌军不断退却,后面那帮墙头草也乘势进攻,斩首数百、千级。这下子士气陡然高涨,无不以一当百!

大家要知道,冷兵器时代打仗,首要取胜因素就是人多,一对一地对砍,一命抵一命,人数多总能占点便宜,胜算更高;另一个重要因素就是士气,如果一方气势盛,个个像打了鸡血一样,一个人敢单挑十几个,几万人敢和几十万人死磕,也未必会输。

刘秀虽然没有丰富的战斗经验，但基本的 common sense（常识）还是有的。趁着首战告捷、士气高涨的时候，他组织了一支3000人的敢死队，亲自带领，准备从城西水上直取敌方的中军！胆子实在是太大了！要知道中军将军至尊，以坚锐自辅，故曰中坚。那是最难打的部队啊！

这时王寻、王邑也打红了眼，苍蝇没拍到还把苍蝇拍子给折了，现在苍蝇们居然敢直攻中军！于是他们以主帅身份亲自带中军万余人出战刘秀，同时还下了一道奇怪的命令：命令其他各部就地待命，不许乱动（敕诸营皆按部毋得动）。他们的原意是想做个漂亮的主帅秀（独迎与汉兵战），让部将们做观众好好欣赏，到时负责鼓掌喊 Encore 就行了。真是两个骄傲的将军。他们没想到就是这道命令铸成了大错。

骄傲的王将军与打了鸡血的汉军一交手就落了下风（不利）。其他部队想去帮忙，但是没有命令又不敢乱动（不敢擅相救）。于是双方几十万人就在边上看着这一万多人（王军一万加汉军三千）打成一片，直到王寻、王邑阵脚大乱，汉军乘势打垮了中军（乘锐崩之），连主将王寻也被干掉了！

失了主将，王军那里顿时慌了神。还没等缓过神来，城里的守军又乘势杀了出来（城中亦鼓噪而出），与城外的救兵合势夹击，震呼动天地！这一下子形势急转直下，几十万人的王莽部队顿时崩溃了（大溃）。这时候人多不仅没有用，反而更糟糕。每个人都在逃命，往不同方向逃，全都挤在一起，摆在汉军面前的就像是几十万只待宰的羔羊。当时战斗的情况很惨烈。逃兵互相践踏，踩死的、连带被砍死的尸体，据说铺了上百里的路（伏尸百余里）。老天也来凑热闹，又是狂风暴雨，又是雷电交加，据说瓦片都飞起来了，大雨如注，河水暴涨。王军带去的野兽都吓得动弹不得（虎豹皆股战），光掉进河里淹死的士兵就有万人以上。最后王邑只带着数千人马逃回了洛阳。

昆阳之战以刘秀大胜而告终。刘秀危急时刻勇于担当，带头冲锋，以他的英勇表现一战成名！

雷总小语

作为领导，面对困难的时候，敢于担当是一项很重要的素质。团队的成员在看着你，企业的员工在等待你做出决策，何去何从。在这个时候敢于站出来承担责任，这份敢于担当的勇气对凝聚团队、树立威望至关重要，甚至比是否能够解决困难更加重要。在昆阳城被围、大家都准备放弃的时候，刘秀勇于担当，冲出重围请来救兵。他身先士卒，亲自带领部队向王莽主力发起冲锋，击垮了敌人的中坚力量，使敌军一溃千里，昆阳大捷一战封神。有这样勇于担当、身先士卒的将领在，哪个士兵不愿跟随他并为他出力死战呢？

2. 忍辱负重，能屈能伸

（《资治通鉴》三十九卷，汉纪三十一）

扫码读原著

汉纪三十一～三十二

我忍我忍我忍忍忍

"所谓天将降大任于斯人也，必先苦其心志，劳其筋骨。"这句话用在刘秀身上是一点都不打折扣。昆阳大战胜利后不久，他就承受了人生中的第一场严峻考验：他大哥刘縯被人害死了。

当年是刘大哥带着刘秀起兵造反，走上了革命的道路。当时的刘大哥已经颇具英雄气概了。本来起义军推选首领的时候大伙儿要立的皇帝可是他，而不是更始皇帝刘玄。刘縯为了内部团结，顾全大局把首领的位子让给了刘玄。可惜君子坦荡荡，却终难防小人暗算。刘玄和他的手下一直嫉妒刘縯的能力与声望，老想找碴儿把他除掉。刘秀同学的革命警惕性还是很高的，闻到味道不对，提醒了他哥好几次。刘縯总觉得问题不大，既没放在心上，也没有采取防范措施。没有革命警惕性，自然也就没有采取措施约束手下，最终出了大事。

刘大哥手下有个很能打的大将叫刘稷，史载"勇冠三军"。这位兄弟是个粗人，只认刘𬙊是大哥。听说立了刘玄而不是刘𬙊，当场就怒骂道："当初挑头起兵的是我大哥，怎么就立了刘玄这个人！"后来更始皇帝要拜他做抗威将军，他也不接受。这就太不给人家面子了，人家好歹是名义上的老大，不能自以

为业务能力强就不给老大台阶下。刘玄那边正愁找不到借口整刘𬙊，于是就把刘稷给抓了起来，当场杀了！

刘𬙊一听兄弟被杀了，立马就急了，他也没想太多就去为手下要个说法："凭啥杀我的人！"这时候，刘玄边上就有人撺边了，劝他一不做、二不休，干脆把刘𬙊一起收了。刘玄虽然很废，但也明白刘𬙊日后迟早要抢自己位子的。既然今天你自己送上门来，兄弟你可就别怪我……于是心一横，把刘𬙊也抓了起来，当天一并杀了！

这段历史司马光只用了六行字记录，但在雷总看来却有很多经验教训值得总结。刘𬙊的确是个好人，有能力、有水平，也有干大事的胸襟，可最后非但没能成大事，还死在了远不如他的刘玄手上。为啥？除了小人奸诈，刘𬙊自己也有很大的问题。

首先，在形势有利的条件下他不去争做老大，顾全大局，让人家抢了先手。其次，在刘玄明显有想法的情况下，缺少革命警惕性，且不听弟弟刘秀的劝告，没有防人之心。最后，对刘玄身边善于谄媚的小人又认识不清，过于信任。就凭这几条，刘縯不被刘玄杀死，日后也一定死在其他小人手上。所以防人之心不可无，特别是防小人。刘縯用他自己血淋淋的经验给大家上了一课。

哥哥死于非命，作为弟弟刘秀该怎么办？他的应对让所有的小伙伴都惊呆了。

刘秀听说了哥哥的死讯，立刻从驻地回到宛城谢罪（驰诣宛谢）。

你没看错，是去谢罪而不是去兴师问罪。刘縯的下属出来迎接他，刘秀都不敢和他们说话（不与交私语）。见了更始皇帝，他只是一个劲儿地认错（也不知道他有啥错），完全不提自己昆阳之战的功劳。更夸张的是，大哥死了，做弟弟的都不敢穿丧服，平时该吃吃，该喝喝，就跟没这档子事儿一样

(饮食言笑如平常)。

其实,明眼人都能看出,刘秀这是在隐忍。难道他不想报仇?开玩笑!那可是自己的亲哥哥啊!是刘家兄弟出生入死立下大功,才让新朝彻底完蛋。只不过为了顾全大局,才让刘玄做了更始皇帝。这就算是给他捡了大便宜了!居然反过来还敢害我哥?此仇不报,我就不姓刘!话虽这么说,可刘秀心里也明白,自己实力还不够,弄不好仇没报成,自己也被小人给坑了。怎么办?我先咽下这口气。我忍!我忍!我忍忍忍!

只是这忍字是心头上面挂把刀,谈何容易啊!史载,自从哥哥死后,刘秀只有在独居的时候才不吃肉、不喝酒,为哥哥默默地服丧(每独居辄不御酒肉)。晚上睡觉,常常心中哀伤,泪流枕席(枕席有涕泣处)。手下亲近的人了解他的心事,想宽慰他,他马上让人不要乱说话,怕被刘玄安插的奸细听到(卿勿妄言)。

这番隐忍的苦心终究没有白费。以前说过,更始皇帝刘玄是个废人,以他的智商根本无法理解刘秀的真实想法。他以为刘秀怕自己,还是认自己这个老大的(以是憨),便也没把他怎么样,反而还拜他做破虏大将军,封武信侯。王莽死后,他把刘秀当成亲信,不顾身边人反对让他做了大司马,去河北地区"镇慰州郡",就是让刘

秀去做河北地区的主官。这可算是放虎归山了！

刘秀到了河北，一天都没闲着。他沿途考察官吏，任用贤能，释放囚徒，去除苛政，恢复汉朝的制度。河北人民盼星星盼月亮，终于盼来个好领导，真是喜大普奔啊！大伙儿都把好酒好肉拿出来献给亲人大司马，可人家大司马很酷，"皆不受"。河北成为刘秀的第一个根据地，也为他日后称帝打下了坚实的基础。

作为领导，总是要面临各种挑战与压力。领导的级别越高，这种压力就会越大，需要协调和管理的关系就越复杂。即使是贵为企业的董事长或CEO，也要面对董事会和股东大会多方的压力，更需要小心应对，耐心周旋。可每个人都有他的脾气和个性，也有"双商"（智商、情商）的差异。遇上有些人思路不清、纠缠不已，或者情商不高、沟通困难，甚至小人作怪、故意刁难，乃至手段阴险，总不免令人愤愤不平。一时兴起，虽然恣意畅快，但也会造成难以估量的后果。这时候，学会"忍"就很关键了。**忍不是退缩，而是为了避免损失实行的战术性避让，是为了以后的进取；忍不是懦弱，而是为了在艰难的环境中保全自己，是另一种坚强。**在昆阳大战中立下大功的刘秀面对至亲的生离死别，没有选择奋起抗争，而是选择默默忍耐。这种忍耐是痛苦也是耻辱的，不亚于当年韩信的胯下之辱。可是刘秀心里明白，要匡扶汉室、为哥哥报仇，他当下只有忍耐，才能保全自己。正是因为他忍辱负重、能屈能伸，才有日后刘玄派他出镇河北，建立自己的根据地，为后来建国称帝打下了基础。昆阳大战中的刘秀至刚，忍辱负重的刘秀至柔。就在这短短几个月中，刘秀经历了冰火两重天的考验，将自己至刚至柔的领导力都展现到了极致，锻造出了日后中兴汉室的一代雄主。

3. 识人用人，各得其所

（《资治通鉴》三十九～四十卷，汉纪三十一～三十二）

扫码读原著

汉纪三十一～三十二

公元23年，刘秀被派往河北"镇慰州郡"。虽然经历了令人狼狈的王朗事件，但小刘很快就在河北站稳了脚跟。两年后（公元25年），他运筹帷幄，派兵打到了河南，威镇洛阳城，并在当年建元称帝了！到底是什么原因让小刘在这么短的时间就取得这么大的成就呢？这里天时地利都有，但最关键的还是人和。刘秀的儿子汉明帝后来在云台阁为帮助他老爸夺取天下的主要功臣分别做了画像，共二十八人，每位功臣对应着天上的星宿，史称"云台二十八将"。今天雷总要特别介绍其中三个最得力的助理和亲密心腹。

一个好汉三个帮

第一助理当推邓禹。

小邓也是南阳人,在小刘做了大司马被派往河北后,小邓一路跟来(杖策追秀),终于在邺城见到了小刘,并受到了小刘的亲切接见。

小刘问他:"您跑我这儿来想做官(宁欲仕乎)?"

邓答:"不想(不愿也)。"

小刘问:"那您想干吗呢(何欲为)?"

小邓豪情万丈地说道:"我愿帮助您做老大,青史留名!"

小刘一听就笑了:"大哥您别逗了,我算哪根葱啊?"

但小邓不介意,他为小刘做了个 SWOT 分析①,仔细分析了天下大势和刘秀的优势、劣势,最后得出结论:只要能招揽英雄,赢得民心,这天下就该是刘秀做老大!小刘听后很高兴,于是就把小邓留在身边做智囊,很多事情都和他商量。

特别在用人方面,小邓眼光很准,推荐的人都很合适。比如后面将要介

---

① SWOT 分别代表 Strengths(优势)、Weaknesses(劣势)、Opportunities(机遇)、Threats(威胁)。SWOT 分析是一种战略分析方法,通过对被分析对象的优势、劣势、机会和威胁等加以综合评估与分析得出结论,通过内部资源、外部环境有机结合来清晰地确定被分析对象的资源优势和缺陷,了解对象所面临的机会和挑战,从而在战略与战术两个层面调整方法、资源,以保障被分析对象达到所要实现的目标。

绍的第三助理寇恂，日后刘秀手下第一能打的大将吴汉等人，都是邓禹慧眼识英雄介绍的。后来他还带兵渡河进击河南、解放长安，真个是文武双全的复合型人才啊！

邓禹一生征战立功无数，最大的功劳就是收复了西汉都城长安。在攻打长安时，邓禹采取的策略是以静制动。当时驻守长安的是更始帝刘玄及绿林军，而另一支对长安虎视眈眈的力量是来自山东的赤眉军。邓禹的计划是让他们两虎相争，他眼看着赤眉军进入长安城，自己却按兵不动。为啥？因为他觉得赤眉军在长安是待不久的。以这帮兄弟的格调与智商，迟早还是要走回当流寇的老路。到时候他再收回长安，那是手到擒来啊！

不出邓禹所料，赤眉军果然开始到处抢劫，把长安城及其周边地区搞得一塌糊涂。他们糟蹋老百姓不算，还起内讧。就这么个搞法，没多久长安城中就没粮食了。山东兄弟在城中随意杀掠，烧毁宫殿，抢劫财物，街上都没人了（长安城中无复人行）。抢够

了，杀够了，他们看看在长安也待不下去了，就放弃了都城，率军往西走，继续祸害别的地方去了。公元26年2月，邓禹率军进驻空城长安，收回了西汉的国都，把西汉十一帝放在太庙里供奉的神牌送回洛阳，完成了收复长安的任务。

按照邓禹的计划，后面还应继续追击赤眉军，直至完全消灭他们，为刘秀统一天下打下基础。然而，在这一过程中邓禹却遭受了意想不到的失败。话说赤眉军的参加者本质上都是流氓，人员成分复杂，素质很低。这些人参加义军的主要目的就是抢：抢吃的、抢值钱的、抢女人，顺带把人也杀了。他们先祸害了山东，然后进入河南，又打进长安。在长安待不下去了，他们接着往西，为祸陇西（现在的陕西西部、甘肃地区）。

我们的邓禹同学在一边观察了很久，他瞅准时机，派出大军攻击赤眉军。本来以为可以一击而中，可是没想到这群流氓非常强悍，邓禹的军队居然被打败了（反为所败），还被迫退出了云阳这一重要战略要地。由于陇西当地的力量阻击赤眉军进一步西进，这样一来，赤眉军又杀回了长安城，来了个二进宫！小邓同学不甘心，再打，结果又输了！汉光武帝刘秀的第一功臣追击穷寇，居然连战连败，小邓同学越想就越郁闷。

郁闷的不止小邓一个人，还有他的老板刘秀。关键时刻，刘老板体现了他的leadership（领导力）：换人！哪怕你是第一功臣，表现不好照样换人。他还把小邓叫过来，没有批评他，而是coach（教导）他：知道你为啥吃败仗吗？主要是因为你不懂"勿与穷寇争锋"的道理，知道不？

虽然刘老板换将折了第一功臣的面子，但这个安排还是给了小邓立功赎罪的机会的，让他把部队拉到东边准备包围赤眉军。不过为了怕小邓报仇心切，刘秀还特意交代了一句：在东边给我老实待着，别冒冒失失瞎进兵（无得复妄进兵）！果然不出刘秀所料，赤眉军在刘秀的诱导下向东进军，这时候立功心切的小邓在东边坐不住了。他没有听刘老板的话，休整没结束又开始主动攻击了，结果中计大败，死伤三千多人，他自己只带了二十四骑逃回了宜阳。小邓自己也觉着面子上实在挂不住，后来被封大司徒加梁侯爵位时，把侯爵的印绶退给了刘秀。

虽然功过得失兼具，邓禹仍是大家公认的刘秀中兴汉室的第一功臣，位列云台二十八将之首。

第二助理叫冯异。

他既是一个忠诚的朋友、低调的首领，也是一位勇猛的将领。

在刘秀被王朗追杀狼狈逃命的过程中，冯异也紧紧地跟在刘秀身边，两次为刘秀送上豆粥和麦饭，渡过了饥寒交迫的困境。难得的是小冯同志虽然跟刘秀跟得很紧，算是贴身可信赖的人，但人家从来不高调嚣张，相反他很注意平时的言行，低调得不行。

冯异有个绰号，叫"大树将军"。这不是因为他长得高像大树，

而是因为每次打完仗论功的时候,我们小冯同志不管功劳有多大总是非常低调(谦退不伐),常躲到后排坐在大树底下听大家发言(异常独屏树下)。所以同志们都亲切地叫他"大树将军"(故军中号曰大树将军)。大树将军人缘很好,士卒大多愿意跟随他(士皆言愿属大树将军)。

他人好,打仗也不含糊,是刘秀夺天下的重要武将之一。在小刘由守转攻布置全局时,我们小冯同志被派作孟津将军驻守黄河防线,前面连着邓禹的西征部队,后面连着小刘驻守河北老家的部队。就像足球的中场,位置十分关键。当邓禹攻击赤眉军连吃败仗的时候,刘秀决定换将,而接手的正是冯异。冯异根据刘秀的部署,从西向东一路追击赤眉军,迫使赤眉军进入了包围圈,最终逼迫赤眉军投降,完成了瓮中捉鳖的战略。

此外,他还和我们接下来要介绍的第三助理合力出击,威镇洛阳!

第三助理就是萧何再生的寇恂。

说到这位仁兄,还是要先讲回刘秀的第一助理邓禹。小邓同学当年一路从南阳追到邺城见到小刘,和他纵论天下大事时提到一个地方,叫河内。这个地方相当于现在的河南北部、河北南部的安阳、聊城一带,地理位置在太行山以南,黄河渡口以北。懂风水的朋友知道,这种地方背山面水,风水好得"一塌糊涂"。除了风水好,河内在军事上对小刘也很重要,因为它北面连着小刘的根据地河北,南边是小刘的主战场河南。搞定这块地方就好比当年老祖宗刘邦得了关中,取天下就有了扎实的根基。可这么重要的地方,派谁去搞定呢?邓禹就推荐了寇恂。小邓评价他:"文武双全,看人眼光好,搞得定手下,是个当领导的材料(文武备足,有牧人御众之才),就这小子了(非此子莫可使也)!"

小刘对小邓还是很信任的,对寇恂委以重任,并对他说:"当年我老祖宗刘邦把萧何留在关中看家,现在我把你派到河内。拜托你为前线供给军粮,训练好兵马,给我看好这块宝地,千万别让敌人北渡黄河啊!"

事实证明,这个人用得还是对的。当时小刘的布局是:邓禹西征,剑指关中长安;大树将军冯异居中,以河内为基地经略河南,对抗洛阳;小刘自己引兵向

北，稳定后方。他派给寇恂的任务就是经营好河内这个中枢要地，给各方面部队提供后援保障。据史料记载，寇恂同志上任以后一心一意扑在工作上，调配军粮、打造兵器，不管部队打得多远，都能保证后勤供应源源不绝（军虽远征，未尝乏绝）。真称得上是萧何再生，是人民军队的好干部！

寇恂不仅后勤搞得好，真要抄家伙打仗也是该出手时就出手。洛阳那边更始皇帝派有几十万大军驻守，领头的叫朱鲔①（wěi）。姓朱的听说小刘带兵北上，河内只有寇恂的孤军（其实只是预备队），就派出一支三万人的部队攻打河内的温县。你别说，姓朱的眼光很毒，河内如果有个三长两短，小刘派出去的各方面部队就连接不上、陷于危险了！

寇恂的手下人都觉得就咱这几杆枪怎么打得过人家正规军，于是大家一致建议等大树将军的援军到了再出击。危急时候，寇将军大喝一声："不行！立刻整兵出击！温县是河内的屏障，没了温县河内就完蛋了！"于是命令周边各县紧急调兵在温县集合，而且兵士刚一到就碰上了敌人。没说的，开打！打了几天，冯异援军到了。寇恂一看，激动得眼泪都快下来了。为了欢迎友军，他就让士兵在城头高喊："刘公（刘秀）的部队来了！"

刘秀在昆阳之战中的勇猛善战当时的人都知道的，敌人一听他来

---

① 朱鲔，字长舒，汉阳（含湖北省武汉市）人，绿林军首领之一，拥立刘玄为帝。

了就有点肝儿颤。于是两大助理合力大破敌军，冯异还乘势渡河击败朱鲔，两人一起联手追击敌军直到洛阳，然后绕着洛阳城转了一圈，来了个绕城一日游才回去。据说这个一日游把洛阳城里的人吓得不轻（洛阳震恐），自此城门紧闭，直到朱鲔最后举城投降刘秀。后来刘秀定都洛阳，因为洛阳在长安的东面，所以他的汉帝国被后人称为东汉。

一个好领导要会用人，这是大家都知道的道理，但如何用人则是仁者见仁、智者见智。有些领导崇尚军事化管理方式，从外部招募最有经验的人，然后借助系统和工具的督导来管理，手下需要绝对的纪律与服从。这种管理用人的方式无比高效却冷酷无情，人员的流失率很高。有些崇尚人性化的管理方式，主张人员构成的多样性，调动每个人的积极性，充分讨论沟通，包容不同的观点与意见。这种管理用人方式更具人情的温度却又难免低效，大量的时间耗费在内部的沟通与协调上。

刘秀识人用人的要诀就是敢于对有能力的人委以重任，给予团队充分的信任与支持，并从战略高度上提出要求，不容许失败，但愿意提供指导和改过的机会。

上面的几个故事充分体现了刘秀在用人方面的才能，他对邓禹、冯异等人充分信任，善于听取意见建议；对邓禹推荐的寇恂委以重任,并以萧何的标准提出要求;当邓禹连吃败仗的时候,他果断换人,但同时又耐心指导,给人立功赎罪的机会。一个有能力的手下最渴望得到的不外乎是领导的信任支持和一展身手的机会。只要领导要求清楚了,剩下的他们会自我驱动把工作做好。邓禹、冯异、寇恂以及其他云台二十八将正是在刘秀这样的领导手下工作,才能成就这样的事业。好的领导才有好的手下。

4. 霹雳手段,菩萨心肠

(《资治通鉴》四十~四十四卷,汉纪三十二~三十六)

刘秀本来就是个"性喜稼穑"的农民出身。只是因为血管里流着刘邦的血,在国家动乱的时候才挺身而出,担负起了历史赋予他的重任,拯救了老祖宗的家业。骨子里,他还是个认真诚恳、与人为善、有情有义的好人。

小刘对自己的兄弟姐妹是很有感情的。当年哥哥刘縯被刘玄害了,他不敢服丧,梦里哭醒无数次。再往远了说,刚起兵那会儿汉军攻打宛城失败,刘秀骑马逃跑的路上看到大姐刘元。他本来想叫大姐一起上马逃的,但刘大姐怕人多马跑不快,与其一起死,不如把生的希望留给弟弟。结果刘秀捡了一条命,

刘大姐却被敌军杀害了。这件事情也常让小刘耿耿于怀。所以他做了皇上后,对还活着的兄弟姐妹就特别重情义。

刘秀有个妹妹湖阳公主,那时老公刚挂,不幸成了个小寡妇,他就寻思着给妹妹再找个男人。小刘老大做久了,做事很讲策略。他也不明说,就找个机会和公主聊聊手下的大臣,一边聊一边观察妹妹的反应(帝与共论朝臣,微观其意)。刘小妹就说了一句:宋弘长得不错,人品也好,其他大臣和他没法比(宋公威容德器,群臣莫及)。

"噢,懂了,这就算是有意思了!行,哥给你办(帝曰:方且图之)。"

过了几天,刘秀就安排单独召见老宋,让小妹坐在屏风后。其实那个屏风是半透明的,里面看得见外头,外面也看得见里头。这实际上就是皇上安排的非诚勿扰相亲大会啊!

皇上对老宋说:"咳咳那什么,老宋啊,老话说得好啊,人有钱了就换朋友,发达了就换老婆(贵易交,富易妻)。这个嘛,都是人之常情,你说是不是(人之情乎)?"

老宋一看就明白老大的意思了,这个意图也太明显了吧!在老大巨大的诱惑面前,我们老宋同志说出了一句惊天地、泣

鬼神的经典名句:"我听说没钱时交的朋友不能忘记,落魄时娶的老婆不能离婚啊(臣闻贫贱之知不可忘,糟糠之妻不下堂)。"

皇上一听没话说了。然后只能和妹妹说:"不好意思哈,哥哥我搞不定(事不谐矣)。"

这个故事里,刘秀对自己的家人有情有义,对自己的大臣也很是有人情味。

他有情有义,对待自己的手下甚至对手都是一片菩萨心肠。他不像我们常见的开国君主那般大肆屠戮功臣,也不曾使过任何狠辣的手段。这一点尤其难得。

例如对待曾经的手下,后来造反的愤青大将——邓奉,刘秀一开始对他劝降,可小邓不听。后来战败被俘后,这小子又说软话了,说什么"好歹我有过功劳,功过相抵就放我一马"。刘老板心软,还真的想放他一马。

后来手下极力反对,说这样做会降低敌人造反的成本,坏了规矩,他才不得不下了狠心。

他对陇西的隗嚣送来当人质的儿子也是如此。隗嚣本来是刘秀的盟友,后来动了反心,甚至最后都正式宣布反叛了,刘秀还是"不忍"动手,总觉得事情还有回转的余地。直到隗嚣彻底自绝于汉室,投靠了蜀地的公孙述,他才不得已动了手。

对反叛的人尚且如此,对自己的皇族弟兄,即便是曾经的对手更是如此。更始皇帝刘玄既做过他老板、害过他大哥,也做过他对手。刘玄被害后,手下收了尸不知如何处理,还是刘秀按照皇帝的规格为刘玄下了葬,并亲自去扫过墓。刘盆子是赤眉军立的皇帝,也算是对手。投降后刘老板念在刘盆子是皇族,也没有害他,让他最后得了善终。

读《资治通鉴》中关于刘秀的记载,经常出现"帝不忍"的字眼,就是说刘秀不忍心轻易动手杀人。他对手下的大臣、兄弟姐妹、老婆孩子都是很重情义的,是个标准的暖男,也是历史上为数不多有大作为却不拿功臣与亲属垫刀头的好皇帝。

卓越领导力 /《资治通鉴》中的领导艺术/

雷总小语

以前读历史，总觉得做皇帝就应该杀伐果断，对敌人和反叛者不能留情，行妇人之仁。比如朱元璋屡兴大狱屠戮功臣、李世民玄武门之变戕害手足的故事大家都很熟悉。可是当读到刘秀的故事，看到刘秀对手足、对手下甚至对敌人都心地柔软，有情有义，不忍乱开杀戒时，雷总才发现，原来菩萨心肠的皇帝也可以聚拢人心，坐稳天下。真正有魅力的领导者是兼具智慧与仁爱之心的，而刘秀就是这样一位有魅力的领导者。

5. 为政勤勉，不忘初心
(《资治通鉴》四十～四十四卷，汉纪三十二～三十六)

扫码读原著
汉纪三十二～三十六

刘秀起义军发家最后做了皇帝，就好像现在自主创业最后在纳斯达克成功上市一样，成了刘老板。刘老板事业成功后没有骄傲自满，依然不忘初心，勤勉工作。这一篇就为大家讲几个刘老板的故事，首先从他给妹妹安排相亲的那位兄台说起。

这位兄台姓宋名弘，曾经任洛阳市市长（京兆尹），后来因为表现优异被提拔为大司空，进了政治局常委（三公）。话说

刘　秀　一介农民，中兴汉室

宋弘刚被提拔进常委，为了答谢组织的信任，推荐了一些他看中的人才。其中一位叫桓谭，被推荐做议郎、给事中，相当于在国务院秘书处工作。这位兄弟不仅能力出众，还很会弹琴，这个小才能很快连皇上
刘秀也知道了。于是有次办公累了，皇上想 take a break（休息一会儿），就让桓秘书弹了个小曲儿，放松一下（令谭鼓琴）。那天小桓发挥得很好，小曲儿弹得那叫一个好，皇上很满意（爱其繁声）。可是宋弘听说就不高兴了（弘闻之，不悦）。

　　一天，老宋在家里穿上正装坐着（正朝服坐府上），让人把桓秘书给叫来。小桓屁颠屁颠地来见领导，一看这架势就有点晕，不知道领导啥意思。老宋连个座都不给人家，劈头盖脸把小桓狠狠批评了一通（不与席而让之），完了还问了一句：" 以后能知错就改，做事讲规矩吗（能自改邪，将令相举以法乎）？" 小桓被训得不停磕头道歉，过了好久，才被放走。

　　后来刘秀开干部大会，会间休息又让桓秘书来表演小曲儿。因为被骂过了，这次小桓表现得很失常（失其常度）。皇上觉得奇怪，就问怎么回事（帝怪而问之）。这时老宋出来说话了："皇

上，我之所以推荐他，是希望他以忠正的品行来辅佐您。如今朝廷上下都喜欢文艺青年玩儿音乐，这是我的罪过啊！"

你看看，多会说话，劝也劝了，面子也留了。刘秀是个明白人，马上收起不高兴给老宋道歉（帝改容谢之）。这是正史有记录的真事。老宋很正直，一心为公，小刘也很明白，知错就改。这是一个主明臣直的故事，故事的主角虽是老宋，但是也体现出了刘秀作为领导人的大公之心。

好老板的另一个主要特征就是很 open（开放），听得进下面人的意见，不搞一言堂。

比如那时匈奴搞内斗，分裂成了南北两个单于。南单于比较拎得清（明白），早早就和刘老板建立

刘　秀　一介农民，中兴汉室

了良好的互利合作关系。北单于斗不过南单于，就也想着和刘老板拉上关系，又是献礼又是想搞和亲。刘老板觉得和亲也未尝不可，反正就是认个干女儿嫁给北单于，多个名义上的女婿而已。不过事关外交的重大政策取向，他也不急着拿主意，发给大家一起讨论。

　　司徒班彪有不同想法，他觉得老祖宗汉宣帝对匈奴的认识是很到位的：这帮胡人狡猾得很（多变诈），要非常小心应对，处置得当就能给他们足够的震慑（交接得其情，则却敌折冲）；如果按照他们的套路来玩儿就会被他们牵着鼻子走（应对入其数，则反为其欺）。所以他的建议是赏赐给人家相当的礼物，面子上还是维持好关系（羁縻之义，礼无不答），但和亲就算了。人家小班工作做得很到位，不仅有想法有建议，还把怎么回复人家的邮件都 draft（草拟）好了。刘老板一看，觉得写得不错，于是就照发了（悉纳从之）。关于刘秀批复司徒班彪的记载中，相

关字眼（"帝纳之""帝从之"）经常出现，和他的老祖宗汉文帝有一拼。

除了重情义、肯听下属建议，刘老板还注重实际，不好虚名。这点比汉武帝强得不是一星半点。王莽改革的时候，对西域失去了有效的控制，匈奴人乘虚而入，没少欺负新疆各民族的小朋友们。等刘老板当了老大，西域各国觉得终于看到了翻身做主人的希望，纷纷派人向刘老板示好，表示愿意认他做大哥、跟着他混，并极力恳求大哥派部队重建都护府。

都护府是汉武帝时建立的，是汉朝作为大哥有能力罩着西域小弟的重要标志。然而驻军经费是汉朝自掏腰包的，开销很大。除了每年收几匹好马

和人家送的哈密瓜、葡萄干啥的，ROI（投资回报率）实在是有点低。当时中原打了十几年的仗，国库不充裕，老百姓也打疲了，实在是无力派兵重开都护府。然而祖上毕竟在那里混过，现在过去的

小弟又找上门来希望重现往日的辉煌。你说怎么办呢？是要面子还是要里子？

刘老板想了半天，决定：不派兵！谢谢各位兄弟的抬爱，大哥我家里刚刚摆平，暂时没有精力罩你们，重开都护府。请大家理解大哥我的难处，兄弟们各自珍重哈！虽然小弟们很不爽，但说实话，这也是当时非常务实的选择。做大哥不容易啊！

最后再讲讲刘老板和成语故事的关系。刘老板的一生制造了不少大家熟悉的成语名句，比如前面讲过的"得陇望蜀""糟糠之妻不下堂"等。除此之外，还有一个和他有关的成语也很知名。

刘老板的儿子（也就是后来的汉明帝）见他每天工作那么辛苦，就劝老爸要注意身体，

学学黄老，做做甩手掌柜。要是换成汉武帝听到儿子这么劝他，肯定要把儿子臭骂一顿。"什么意思？想接班是不是？臭小子，我还没死呢！"

我们刘老板还是挺敦厚的，他非但不以为意，还笑笑说："我就喜欢干活，不累（我自乐此，不为疲也）！"这就是成语"乐此不疲"的出处。听听，多像个在农田里辛勤劳作的农夫。刘秀就是这样辛勤工作，不忘初心，为了重振汉室整整干了30多年（公元22—57年），最终成就了光武中兴的历史盛世。

打天下难，坐天下更难。雷总在《资治通鉴》中读到过很多案例，都是创业的时候雄心万丈、栉风沐雨，可是一旦建功立业坐上皇帝位子后就完全变了。他们开始经受不住诱惑，要么大建宫殿、广招美女开始享受生活（如晋武帝司马炎），要么不惜民力、穷兵黩武，欲望无限膨胀（如秦始皇）。真正能坚持创业初心，依旧勤勉工作，不图虚荣，实实在在为国为民办事的皇帝少之又少，而刘秀就是这极少数优秀帝王中的一位。他身为九五至尊，每天依旧辛苦工作、乐此不疲；他不刚愎自用，愿意倾听并采纳手下人的不同意见；他不贪图虚荣，从不做那些华而不实、劳民伤财的事情。他这些优秀的领导人素质都是值得两千多年后的我们认真体悟和学习的。

孙 权
(公元182—252年)

子承父业，称雄江东

孙权18岁继承父兄事业，称雄江东，在群雄林立的汉末时期可谓独树一帜，令天下英雄景仰。26岁的孙权击败当时处于巅峰的曹操，使得曹操终其一生都无法渡过长江；37岁的孙权在关二爷最炙手可热的时候背后捅刀子，迫使关二爷败走麦城，夺回荆州；40岁的孙权重用陆逊，火烧连营七百里，把倾国而出的刘备彻底打成残废；45岁的他不用亲自出面，就三次击败曹丕，让曹家两代人都面对长江徒呼奈何；47岁的孙权正式称帝，建立了吴帝国，成为三国江湖中最后一位大佬。

孙权比刘秀小了将近200岁，生于东汉末年（公元182年），也就是汉灵帝时期。经过党锢之祸的汉朝贤臣尽失，宦官掌权，皇帝乱来，天灾人祸，帝国正处于山雨欲来风满楼的时候。

孙权生平

小孙才两岁的时候（公元184年），汉帝国发生了一场著名的大乱：黄巾之乱。这场大乱之所以如此著名，是因为它揭开了汉末

三国的序幕，之后连着纷乱的两晋南北朝和五胡乱华，中原大乱400年后才在隋朝时（公元581年）一统天下，慢慢稳定了下来。在黄巾之乱中，许多我们熟悉的三国人物纷纷登场，包括曹操、董卓、刘备、公孙瓒……还有一位重量级人物就是孙权的老爸：孙坚。

孙爸爸在剿灭黄巾的最后一役中一战成名，然后就投靠南阳的袁术，在其手下打工。孙爸爸一心为公，是在日后征

孙　权　子承父业，称雄江东

讨董卓的各路大军中极少数真正出死力的人物。他打败了董卓和吕布，收复了洛阳，恢复了汉室的宗庙，还找到了当年皇帝仓皇逃跑时丢下的玉玺。

可惜孙坚虽猛，却架不住袁绍、袁术这对兄弟坑人。这两兄弟本来可以利用袁家四世三公的声望联手成就一番事业，却因为小事反目成仇，互相找盟友掐架。袁绍找了刘表，袁术找了公孙瓒。孙爸爸为老板袁术出头，大胜刘表的手下黄祖，却不幸在追击残敌的路上被黄祖的狙击手给一箭射死了！孙爸爸牺牲那一年小孙才9岁，他大哥孙策也不过17岁。

孙大哥真是英雄出少年。他年纪轻轻就颇有英雄气概（英达夙成），还和同龄的另一位帅哥结成了好兄弟，这位帅哥就是大家都熟悉的周瑜。孙爸爸牺牲后，年轻的孙策就去找袁术谈条件，得到了袁老板的天使投资，带领千余人和周瑜会合一起去闯江东。短短几年间，他已经在当时的扬州（今天的江苏南部、浙江、安徽、江西）搞了好大一块地盘，在江东

实现了二次创业。

据《资治通鉴》记载：孙大哥人长得帅（美姿颜），能力超强（阔达听受），笑容迷人（能笑语），粉丝群数量大、忠诚度高（士民见者莫不尽心），全身上下满满的正能量，几乎没有槽点。可他就是太没有领导的样子，经常轻出微行，不注意个人安全。公元200年，就在曹操与袁绍在官渡决一雌雄时，孙策又一次策马游猎。这一次，他不幸落入了复仇者的圈套，

被刺客一箭射中脸颊，回去不久就咽了气。临死前，他和孙权说："要论打仗争天下，你不如哥哥我（举江东之众，与天下争衡，卿不如我）；但是要论任举贤能，调动团队积极性，哥哥我不如你啊（举贤任能，各尽其心，我不如卿）！"那年孙策26岁，孙权18岁。

之所以把孙爸爸和孙大哥的故事也写到孙权的履历中，是为了交代孙权执掌东吴的背景。孙权18岁时就在东吴割据一方，并不是因为他天纵英才，而是因为他的老爸和大哥为他打下了坚实的基础。但孙权也不是吃素的，他最大的强项就是他哥说的**笼络人心，识人用人**。在他的领导下，资历很老的张昭和能力出众的周瑜这一文一武都全力支持，稳定了江东的局面，还斩杀了黄

祖,为孙爸爸报了仇。

公元208年,孙权26岁时干了一件值得他终生骄傲的事情,也是中国历史上一次重大事件:他任用周瑜,在赤壁以少胜多,击败了鼎盛时期的曹

操,使得曹操终其一生都无法渡过长江。为此,曹操在长江边留下了那句著名的话:**生子当如孙仲谋!**

《三国演义》看多了,大家一直都以为赤壁之战是孙刘联合,其中又属诸葛亮最出彩。他又是舌战群儒,又是草船借箭,还巧借东风。周瑜这边也没闲着,一会儿骗蒋干盗书,一会儿又和黄盖一起上演苦肉计,等等。其实,这些情节绝大多数都是演义的,与正史记录的完全不同。

真正的历史中，孙权与周瑜率领的东吴军队才是抗击曹操的主力，刘备只是打酱油的。而诸葛亮当时还是初出茅庐的小鲜肉，基本轮不上他说话。是孙权下定决心抵抗曹军，并委任周瑜率领东吴所有精锐，付出了巨大代价才取得了战役的胜利。正因为此，战后东吴和孙权一方对刘备一方长期占据荆州赖着不走的流氓行为非常反感，摩擦不断。

11年后（公元219年），摩擦不断的孙刘联盟终于破裂。就在关羽水淹七军，进军中原势如破竹之时，孙权和曹操暗地结盟，准备从背后捅刀子。他派出吕蒙白衣渡江，偷袭荆州，抄了关羽的后路，迫使关羽节节败退，最终败走麦城身首异处。孙权终于夺回了他梦寐以求的荆州。

然而，夺回荆州的代价是要面对倾国而出为兄弟报仇的刘备。当时吕蒙已经因病去世，孙权大胆起用新人陆逊，稳扎稳

打步步为营,终于找到机会火烧连营七百里,一举击溃了巅峰时期的刘备。没过多久,刘备就在白帝城托孤诸葛亮,抑郁而终。那是公元222年,孙权40岁,已经是个成熟的政治家了。

成熟的孙权对付敌人已经越来越驾轻就熟了。曹操死后,曹丕从汉献帝手中得到了禅让的帝位,正式建立曹魏帝国。曹丕在位的六七年间,曾经三次举兵讨伐东吴,为父亲雪耻。对付曹丕这样的小字辈,孙权都没有亲自出面,随便派了几个将领就轻松化解了曹魏的进攻,让曹家两代人都面对长江无可奈何。

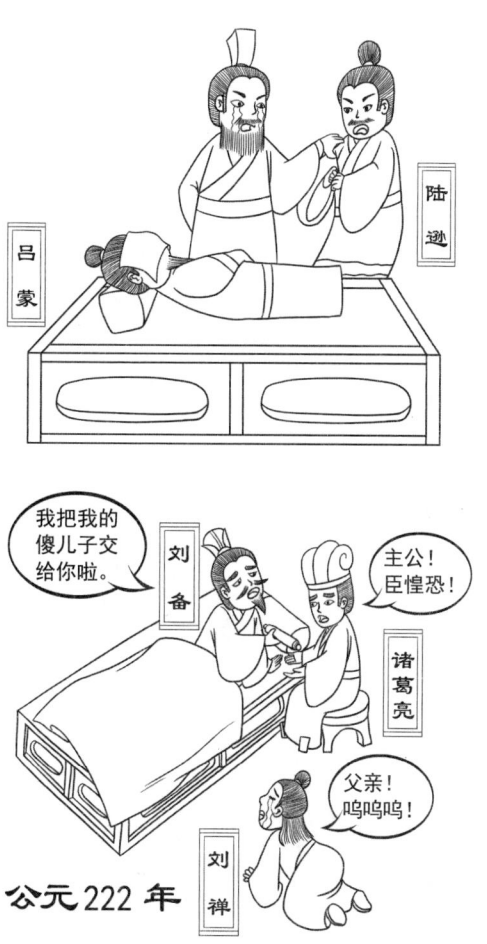

公元229年,47岁的吴王孙权在武昌正式称帝,改年号为黄龙,立孙登为太子。在魏蜀吴三国里,吴国的孙权是最晚称帝的。他称帝

的时候，魏国当家的已经是曹操的孙子曹睿；蜀国名义上的首领是刘备的儿子刘禅，而实际上大事小事都是诸葛亮说了算，而诸葛亮在当年赤壁之战时还只是个初出茅庐的小鲜肉。所以说在当时的江湖上，孙权是资格最老的大佬。

可是此后的孙权开始越来越昏聩了，特别是60岁以后。那年太子孙登去世，他立孙和为太子，同时又封孙霸为鲁王，享受和太子一样的待遇，就此开启了近十年的两宫之争。孙老头先是什么都不管，放纵鲁王乱来，后来又刚愎自用鲁莽决策。最后太子被废，鲁王赐死，两败俱伤。小儿子孙亮被选为接班人，由诸葛恪辅佐。不久之后，公元252年，汉末三国最后一位大佬孙权去世，享年71岁。孙亮即位成为吴帝国的新皇帝，谥号孙权为大皇帝。

这就是孙权的生平：这位东吴帝国的领导者18岁就继承了父兄的事业，称雄江东，在群雄林立的汉末时期可谓独树一帜，令天下英雄景仰。26岁的孙权击败当时处于巅峰的曹操，使得曹操终其一生都无法渡过长江；37岁的孙权在关二爷最炙手可热的时候背后捅刀子，迫使关二爷败走麦城，夺回荆州；40岁的孙权重用陆逊，火烧连营七百里，把倾国而出的刘备彻底打成残废；45岁的他自己都不用亲自出面，就三次击败曹丕，让曹家两代人都面对长江徒呼奈何；47岁的孙权正式称帝，建立了吴帝国，成为三国江湖中最后一位大佬。可惜这位大佬越老越糊涂，在接班人问题上摇摆不定，导致太子和鲁王相争十年，最后两败俱伤。孙权也在这场风波中耗得油尽灯枯，不久后去世。此后，孙权选的接班人也没坚持多久，朝中小人作乱，帝国很快就陷入了混乱之中。孙权去世不到30年，他的孙子孙皓投降司马炎，吴帝国就此消失在历史的长河中。

一千多年后，杨慎作词：是非成败转头空，青山依旧在，几度夕阳红。

领导艺术三：慧眼识珠，深孚众望

三国时期，英雄辈出，灿若星河，精彩纷呈。在诸多英雄中，雷总却对孙权情有独钟，因为孙权实在太会用人了：他任用周瑜，在赤壁以少胜多，打败了曹操的二十万大军，彻底挫败了曹操一统天下的雄心；他用吕蒙，偷袭荆州，把红透半边天的关二爷打得败走麦城；他大胆启用陆逊，火烧连营七百里，击溃了倾国而出的刘备。这三场大战，对手都处于巅峰状态，孙权都没有亲自上阵，但是最后获胜的却都是孙权。那孙权是如何识人用人，又是如何拍板决策的呢？下面一个个来和大家分享。

1. 机智决策，用人不疑

（《资治通鉴》六十五卷，汉纪五十七）

建安十三年（公元208年）是史诗级的一年，也是孙权霸屏的一年。年初，他讨伐黄祖为父报仇；年中，他下定决心建立孙刘联盟；年末，他派周瑜赤壁大胜曹操。下面来为大家复盘建立孙刘联盟的决策过程，以及孙权任用周瑜的经典对白。

话说那一年荆州的刘表逝世，继承人刘琮太弱鸡，大家都对荆州这块大肥肉很心动。一代枭雄曹操比较凶狠，他不仅心动而且立即有行动，几十万曹军杀向荆州，已经张开了血盆大口。为了不让曹操吞并荆州进而危及自己的江东，孙权被迫考虑要依靠刘备这支力量，实行孙刘联盟的策略。

但这个联盟能成吗?这要取决于双方怎么谈了。

按照与鲁肃的约定,刘备派出了他的首席私人代表诸葛亮前去谈判。之所以说是首席,其实刘备也只有诸葛亮一个人可派了。之前他还有个谋士徐庶,但长坂坡一战,徐庶的老妈被曹操俘虏,孝子徐庶只好投奔曹操去了。

这是诸葛亮这个小鲜肉(当年28岁)出山以来第一次正式登台亮相。在《三国演义》里,罗贯中把这段故事描写得很拉风,号称舌战群儒,把孙权的手下全都说哑了。实际的情况嘛……呵呵,大家也就把《三国演义》当小说看看算了,千万别当真。诸葛亮这次谈判说白了就是空手套白狼,忽悠孙权和刘备一起打曹操。

小鲜肉诸葛亮见到孙权,开门见山地说道:"如今天下大乱,孙将军您在江东

起兵，我们家刘老大在汉南召集部队，和曹操一起争天下。现如今运气不好，曹操破了荆州，我们家老板英雄无用武之地，才逃到这里。怎么处理和我们家老板的关系，请将军您看着办（愿将军量力而处之）。"

说实话，这段开场白说得很争脸，却很不符合实际情况。刘备自单飞以来一直颠沛流离，几乎没有稳定的地盘和部队，和曹操、孙权比起来差得不是一星半点。诸葛亮居然往脸上贴金，把刘备说得好像和曹操、孙权平起平坐，"共争天下"。明明打不过曹操，见一次被海扁一次，却说"英雄无用武之地"，还好意思说你孙权看着办吧。

接着诸葛亮又用激将法：如果孙将军能和曹操实打实干一仗，就早点和他断绝关系；如果打不过，就早点乖乖投降吧！我看您啊，表面上好像听从中央命令，内心却又犹豫不决（外托服从之名而内怀犹豫之计），事到临头，当断不断，迟早要出事啊！

孙权虽然年轻，但是非常老到，没有被诸葛亮牵着鼻子走：如果像您这么说，你们家刘老板为啥不投降啊（苟如君言，刘豫州何不遂事之乎）？

这一句问的是刘备的底线。

如果我们孙刘联合,你小子要是中途投降把我卖了怎么办?

诸葛亮听得懂。他义愤填膺地说道:"我们家老板是刘邦的后人,皇室血统,英才盖世,众人仰慕,如滔滔江水连绵不绝(众士慕仰,若水之归海)。就算最后失败,那也是天意,我们是绝不会屈居曹操之下的!"

这个表态就很强硬了,明确告诉孙权,我们是不会干出像英国脱欧那种事情的。

孙权一听也激动了(勃然曰):你们都打到这个份儿上了,还硬骨头不投降,我怎么可能带领十万东吴将士受制于人呢?但是你们刘老板刚吃了败仗,还能抵挡得住曹操的进攻吗(安能抗此难乎)?

要说孙权真是个政治家,问的问题都很到位。既然我们联盟了,说说你有什么本钱吧。

这是个最关键的问题,诸葛亮的回答不能打一个磕巴,否则就是说谎,那就别谈了。

诸葛亮缓缓答道:"我们刘老板虽然在长坂坡失败了,但是这两天陆续回来的士兵加上关羽的水军还有一万人,

刘表的儿子刘琦在江夏还有不下万人,加起来约两万人。再说了,曹操北方的部队到南方来打仗,水土不服,不惯水战。我们两家合在一起几万精兵一定能打败曹军,逼他回北方,形成天下鼎足的态势!"

孙权听了很满意(权大悦)。

大家可能疑惑了,

才两万人就满意啦?大家要知道,汉末本来有五千多万人口,但经过二十年的战乱,生灵涂炭,人口锐减。董卓迁都,烧杀抢掠,整个洛阳及其以西几百里都成了鬼城,连只狗都找不到。像陕西关中这样的富饶之地,在李傕他们几个野蛮人的劫掠下已经荒无人烟了。曹操、吕布在征伐的过程中经常屠城,还杀降,仅官渡之战,

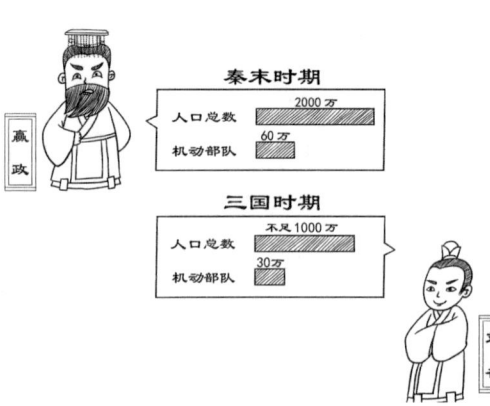

曹操一次就坑杀了袁绍七万投降部队!地处并州(山西)与关中(陕

西)之间的河东郡当时也算是个发达地区,相当于现在的地级市。公元205年新太守上任一查户口,全郡才三万户(十来万人),这还算是人多的!雷总以此推算,当时全国13个州、105个郡,人口应该不足一千万人。换句话说,百分之八十以上的人口已经损失了,精壮劳力损失应该在九成以上。

再来个bench mark(标杆比较),秦末人口两千多万,机动的主力部队也只有六十多万人,一半在北面抗击匈奴,一半在岭南驻扎。因此当时能拉出十万人部队的军阀绝对是大户了,有个一两万人就已经可以称霸一方了。孙权号称自己带甲十万也是瞎吹,后来真正给周瑜带去赤壁的也才三万人。

孙权这里和诸葛亮谈妥了,回来还要摆平东吴的那帮老臣(与其群下谋之)。这时候曹操来了一封信,信里说道:我准备了八十万的部队,和你一起打猎玩玩(今治水军八十万众,方与将军会猎于吴)。上面我们分析了,那时候所有的军队加起来也没有八十万,这一看就知道曹操在唬人。可孙权把曹操的信给手下人看,把大伙儿

都吓尿了(莫不响震失色)。当年辅佐孙权坐稳位子的张昭和一帮文臣都主张投降,振振有词。只有鲁肃不吭声。

孙权实在听不下去了,想缓和一下气氛,

站起来出去嘘嘘,鲁肃就追出去了。孙权知道他的意思,握着他的手问:"你想讲啥?"鲁肃说道:"老板,你千万脑子要清楚,不要被他们带到沟里去啊(莫用众人之议)!我鲁肃烂命一条,投降曹操还能混吃混喝。您要是投降了,结局如何,不说您也该清楚吧(安所归乎)?"孙权点点头:我懂的,他们说的那些话让我伤透了心(甚失孤望),only you 才懂我。

鲁肃懂孙权,也懂东吴的权力游戏。张昭资格老,威望高,孙权也要让他三分。能和张昭抗衡的只有一个人,那就是男神周瑜!那时候周瑜受命在番阳出差,鲁肃建议孙权马上把周瑜给叫回来。

男神一回来,舆论立刻就倒向了主战派。周瑜和大家分析:曹操说八十万大军大家就信啦?中原连年

征战，能够召集起来的机动部队撑死了十五六万，加上刘表投降的七八万人，也就二十万出头。而且中原部队打仗已经打疲了，刘表的部队心也不齐，这样一群人聚在一起，根本不用害怕。曹操这次出征，背后有马超、韩遂的后患没有搞定，到江南来部队又水土不服，还要放弃擅长的骑兵，和我们打我们拿手的水战，这不是找死吗？请将军给我精兵五万，我拿人头担保一定打败曹操！

周瑜这番话绝对有统帅的水平，很有战略高度，一下子就把张昭他们说蒙了。因此历史上真正舌战群儒的是男神周瑜，而不是小鲜肉诸葛亮。

孙权一看，大家都没话说了，立马拍板。他拔出刀来砍了办公桌一刀（因拔刀斫前奏案），撂下一句话："谁再敢说投降曹操，我就砍了他（敢复有言当迎操者，与此案同）！"孙刘联合抗击曹操这事就这么愉快地决定了。

开完会，孙权把周瑜单独留下来谈话。他表示全力支持男神去打曹操，装备物资都没有问题。只是五万人一下子凑不出来，只能给三万，让周瑜先凑合着用，后面他再想办法。

谈话到最后，孙权说了一句很体现领导力的话："这次你能搞得定曹操，那是最好（卿能办之者诚决）；万一搞不定，你就回来（邂逅不如意，便还就孤），我和那老家伙对决（孤当与孟德决之）。"

孙权没有说什么你要好好打，输了大家都完蛋之类的丧气话。他很大气地表示：周瑜你不要有包袱，放开干，输了有我呢！其实这三万人是孙权所有能调动的家当了，真要是输了，那就真的是完蛋了。

周瑜又何尝不知道呢？但是男神听了老板的表态，内心非常激动。他带上三万大军，与程普、鲁肃一起兵发樊口，和刘备会合。

后面的结局大家都知道了，周瑜和刘备的五万人马在赤壁一把火将曹操的二十万大军烧得灰飞烟灭，成就了中国历史上著名的以少胜多的经典战例。故事的细节大家都很熟悉，雷总就不再赘述了。但是这场经典大战之前的决策与用人，却值得大家细细品味与琢磨。

雷总小语

这个故事体现了孙权具备的好几种领导力。

决策能力是非常重要的领导力表现。**好的领导不必是相关专题的专家，也不必了解所有的细节，但是决策之前他必须会问问题，而且是好的问题。通过问问题，领导者搭建了自己的思考逻辑，并找寻问题的答案和决策的依据。**在和诸葛亮谈判前，孙权心里实际上已经拿

定主意和曹操一战，但是在联合刘备这件事情上他还需要考虑周全。刘备会不会半途投降背叛盟友？刘备惨败之后还有没有摆得上台面的实力？这是孙权决策的关键考虑因素，也是他问的问题。诸葛亮虽然口吐莲花，但在这两个核心问题的回答上也是丝毫不敢含糊，孙权非常满意，就此打定了主意。

决策定了，如何取得内部意见的统一也是一门学问。孙权在征求内部意见的时候，就遇到了以张昭为首的文臣派强烈的投降主张。遇到这种情况，有的领导会直接和反对方争论，然后用自己的地位和强势将反对意见强行镇压下去；而有的领导会让各方充分发表意见，通过争论和探讨，引导大家逐渐达成共识。两种方式都各有利弊，但雷总更倾向于后者。虽然后者更加费时费力还烧脑，但是团队一旦形成统一认识后，这种力量是很惊人的。前者的方式虽然直接有效，但是反对者从内心并未真正地接受决策，因而也不会用心理解并领会，甚至敷衍应付，从而使执行的效果大打折扣。更重要的是，领导者如果没有将自己放在一个公允的位子上来听取各方的意见，而是轻易地跳入了争论中，就失去了领导者应该有的立场与定位。孙权在这场游戏中就很精准地把握了自己的定位。他不与张昭争论，而是借用鲁肃的力量，并通过周瑜强有力的论述一举扭转了局面。最后，他作为老大出面拍板。这一刀砍下去，谁都没话说了，事情也就成了定局。

最后是用人不疑，激励人心的艺术。孙权对周瑜最后讲的那段话是非常有水平的。东吴的家底如何，作为大都督的周瑜应该比孙权更清楚。三万人的机动部队应该是当时孙权能够拿出来的所有家当，然而敌人号称八十万大军，实际至少也在二十万以上。孙权是在用自己的身家性命做一把all-in的豪赌，换了是谁都会非常紧张，心理负担超重。然而他却对周瑜说："我相信你，你放手去干，不行我来！"如果你是周瑜，彼时彼刻，会做何感想？雷总相信绝大多数人都会为了孙权的这份信任而去全力以赴，甚至赴汤蹈火。正所谓：士为知己者死。

当年雷总在欧洲求学时，有幸听过一场讲座，嘉宾是当时法国雷诺集团的董事长。在此之前的四五年间,雷诺收购了负债累累的日产汽车,这位董事长从内部挑选了一位有能力有闯劲的年轻人前去日本救火。临走之前,他对年轻人说:"你到日产后放手去干,不必事事向我汇报。你的成功就是我的成功,如果你失败了,我来帮你擦屁股。"这位董事长应该不知道中国历史上有个孙权,但是他说的话几乎就是当年孙权和周瑜对话的经典回放。后来这个年轻人在日产大刀阔斧地改革,仅仅用了九个月的时间就将日产扭亏为盈,成就了一段商业神话。激励人心的艺术即使跨了国界,也是相通的。对了,当时的那位年轻人名叫戈恩。

2. 爱才若渴,广育人才
(《资治通鉴》六十八卷,汉纪六十)

扫码读原著

汉纪六十

孙刘联盟从一开始就一直磕磕绊绊,根源就在荆州。当初赤壁之战,东吴作为抗击曹操主力的一方,理应享有占据荆州的胜利果实。可是考虑到政治联盟的需要,就先给刘备在荆州办了暂住证。可没想到刘备一住下来就赖着不走了,他还说什么得了益州就归还荆州,但最终证明这又是一个骗局。孙权与东吴一再忍让,最终忍无可忍,一气之下派出大军要抢回荆州,孙刘两家撕破脸皮要大战一场。在这场战役中,一位年轻人得到了孙权的重用,独当一面,他的名字叫吕蒙。

吕蒙自小不爱读书,就喜欢打打杀杀,才十几岁的时候就背着家长和姐夫邓当出去打仗,帮着平定了山贼之乱。公元208年,在孙权灭黄祖的战役中吕蒙身先士卒,立了大功。吕蒙和孙权年纪差不多,孙权对他很是喜欢,觉得他很猛也很有悟性,就是读书太少。

赤壁之战后,孙权让吕蒙当了寻阳令,想好好锻炼锻炼这个小伙子。为此孙权还特意语重心长地对吕蒙说:"你现在管事了,不能再像以前一样只知道打打杀杀了,要好好读点书,知道不(卿今当涂掌事,不可不学)!"小吕呵呵傻笑,挠挠后脑勺说:"领导,军中事情

孙　权　子承父业，称雄江东

太多，没时间啊（蒙辞以军中多务）。"孙权拍了一下他脑袋："臭小子，我又没叫你研究学问考博士（孤岂欲卿治经为博士耶）。就

是叫你多看看，多涉猎。你事情多，能有我的事情多吗（卿言多务，孰若孤）？我这么忙还挤时间出来看书，觉得收获很大。""噢！"小吕被领导一顿臭骂，只好老老实实开始读书（蒙乃始就学）。

你不得不承认，有些人虽然学历不高，读书不多，但是悟性很高。这种人如果专心读点书，那简直就是脱胎换骨，如虎添翼。吕蒙就是这样的人。小伙子读了几年书，好像功夫熊猫一样被打通了任督二脉，见识与思维一下子上了好几个台阶。从一个原先只知道喊打喊杀的猛将，变成了一个思虑缜密颇有谋略的"神龙大侠"。

那时候周瑜已经去世，鲁肃接班总管东吴军事，鲁肃是一位儒将。他有一次路过寻阳，和吕蒙见面，纵论天下大势。聊完之后，鲁肃大为惊叹："小吕啊，以你如今的才略，早已经不是当年东吴的小阿蒙啦（卿今者才略，非复吴下阿蒙）！"吕蒙一点也不谦虚："大哥，你才知道啊！再过三日不见，你就要对我刮目相看啦（士别三日，即更刮目相待，大兄何见事之晚乎）！"此处应该敲黑

板：同学们，这就是成语"刮目相看"的由来。

吕蒙同学不断成长，终于在孙权与刘备的第一次翻脸中被孙权委任独当一面。他运用攻心的策略，不费一兵一卒，轻松拿下长沙、桂阳和零陵三郡，不战而自成名。刘备没有办法，只得向孙权求和，双方沿着湘江重新划分了势力范围，为日后吕蒙取荆州埋下了伏笔。

时间快进四年……

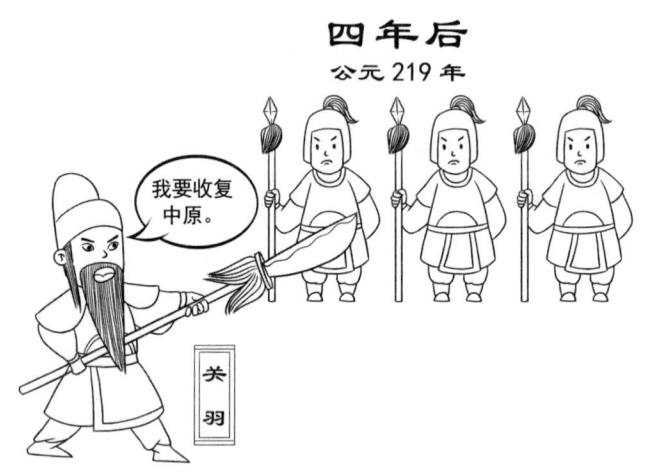

建安二十四年（公元219年），驻守在荆州的关二爷突然热血上头要收复中原。他水淹七军，活捉于禁，兵临樊城，威震四海，连曹操都要考虑迁都以避其锋芒。这时候司马懿给曹操出了个主意，让他联络孙权，从背后给关羽捅刀子。曹孙两家要联手做掉关二爷。

其实孙权也早有此意。当初孙刘联盟最重要的幕后推手是鲁肃，他一直以曹操的强大为理由，劝孙权结交刘备关羽，一起对付曹操。鲁肃死后，吕蒙已经成为东吴的军事最高首领，他的观点和鲁肃不同。他一直就认为关羽绝对有吃掉东吴的野心，而且荆州地处长江中上游，对东吴形成潜在威胁，一定要想办法除掉他（以为羽素骁雄，有兼并之心，且居国上流，其势难久）。孙权战略上也同意吕蒙的想法，但是战术上他还在犹豫：是先打曹操的徐州（江苏安徽北部），还是先打关羽的荆州（今欲先取徐州，然后取羽，何如）？

吕蒙劝孙权还是先打关羽：曹操的主力虽然都在黄河以北，可是和徐州地势相通。我们今天占了徐州,没几天曹操的骑兵就到了(骁骑所骋……操后旬必来争),我们哪怕有七八万人都不一定守得住(虽以七八万人守之,犹当怀忧)。不如先打关羽,把整个长江中下游都捏在手里(全据长江),这样进可攻退可守。

吕蒙的思考还是很全面很现实的。占据江南的王朝历来就是要先稳固长江中上游,然后再图进取。当年朱元璋就是先搞定上游的陈友谅和下游的张士诚,然后才开始北伐攻打元朝的大都。后来的太平天国仗着自己势头正盛,妄想

两面出击,一边北上打京师,一边还往长江中上游发展,结果北上的那支部队很快就败了。

孙权最终同意了吕蒙的战略,决定先打关羽(权善之)。

方向是定了,但战术上具体怎么操作还是个细活儿,特别是时机的选择。关羽围攻樊城的时候,吕蒙觉得时机到了,他急忙上疏给孙权说:"领导,我仔细观察了一下,关羽攻打樊城时,在后方留了不少留守部队(多留备兵),肯定是担心我突袭他的后方(必恐蒙图其后故也)。我最近身体不好,不如我假装上疏给您,以治病为名要求回建邺。关羽听说我撤了,肯定会把后方的留守部队都投入樊城襄阳前线(必撤备兵,尽赴襄阳),

到时候我们乘虚攻击他的老巢南郡,活捉关羽(则南郡可下而羽可擒也)。"

两个人秘密商量好后,吕蒙上疏称自己病重,孙权也公开下命令召回吕蒙。于是地球人(包括关二爷)都知道吕蒙病得快不行了。

第一步棋走好了,下一步就要找个吕蒙的替代者来继续执行既定的策略。这个人要既能理解策略又要具备执行能力,而且必须没什么名气。听上去很难,但吕蒙早就看好了,这个人就是陆逊。

虽然当时的陆逊还只是个小小的校尉,但已经像年轻时的吕蒙一样崭露头角,年纪轻轻就很有谋略。吕蒙回建邺的路上经过陆逊的驻地芜湖,和他聊了聊当前的形势。令吕蒙惊喜的是,陆逊对形势的判断与提出的策略居然和吕蒙与孙权密谈的一模一样!真是江东英雄出少年啊。吕蒙心里暗暗赞叹不已,就像当年鲁肃惊叹年轻的吕蒙一样,但表面上他却没有给陆逊透露任何底细。

回到建邺后,孙权跑上来就问:"谁能替代你执行下一步计划(谁可代卿者)?"吕蒙毫不犹豫地回答:陆逊。此人思虑深长,才堪大用,又没什么名气,关羽肯定都不会用正眼瞧他(未有远名,非羽所忌)。我们要让小陆同学韬光养晦,暗自观察,见机行事,肯定能成(当令外自韬隐,内察形变,然后可克)。

孙权当即召见陆逊,把他和吕蒙密谋的计划和盘托出,任命他替代吕蒙,进驻陆口。后来关二爷大意失荆州的故事大家都知道了,雷总就不赘述了。然而,就吕蒙的结局雷总还想再多分享一

关羽大意失荆州

些细节。

关二爷失荆州,败走麦城,英雄末路,那是公元219年12月的事了。可能老天爷也是关二爷的粉丝,没过多久,合伙算计他的两个主要人物也都被老天爷收了,和关二爷一起上了路。第一个走的就是吕蒙。

吕蒙为孙权全力谋划,耗尽心力,还没来得及受封就病倒了(吕蒙未及受封而疾发)。孙权急得马上去把吕蒙搬到自己的住所边上,还亲自过问治疗方法(权迎置于所馆之侧,所以治护者万方)。他很想去看看吕蒙,又担心影响吕蒙休息,就悄悄在墙上凿了洞,从洞里观察吕蒙的病情(欲数见其颜色,又恐劳动,常穿壁瞻之)。看到吕蒙能吃得下一点东西,他就很开心(见小能下食,则喜顾左右);如果看到情况不佳,则忧心忡忡,连觉都睡不好(不然则咄唶,夜不能寐)。

可惜吕蒙思虑过度,油尽灯枯,才四十二岁就英年早逝(竟卒,年四十二)。孙权悲痛不已,安排了三百户人家为吕蒙守墓(权哀痛殊甚,为置守冢三百家)。

在读《资治通鉴》时,雷总发现一个神秘的"**东吴魔咒**":从孙坚开始,接着是孙策、周瑜,现在又是吕蒙,全部都是年少成名,威风八面,却都不幸英年早逝,壮志难酬。人们常说洛阳地邪,在洛阳地面上你千万别说自己如何了得,因为下面躺着无数帝王将相,总会有哪个阴魂不散给你点颜色看看。而雷总觉得,汉末三国的东吴更邪,少年英雄很多都中了魔咒,莫名其妙地英年早逝,实在是令人费解，也令人扼腕叹息。

孙权曾经与陆逊评论过他的三任军事首领：周瑜、鲁肃和吕蒙。他说周瑜雄才大略，胆识过人，大败曹操，开拓荆州，无人可比（公瑾雄烈，胆略兼人，遂破孟德，开拓荆州，邈为寡俦）。鲁肃这个人啊，我和他聊天，高屋建瓴，有辅佐帝王大业的高度，聊得很爽（孤与宴语，便及大略帝王之业，此一快也）。当年曹操带大军南下，所有人都劝我投降，只有鲁肃劝我要坚定立场，还让我紧急召回周瑜，请他率军最后打败曹操，这也是一件很开心的事情（此二快也）。后来他虽然劝我把荆州借给刘备，让我有点不爽，但总体来说还是不错的（是其一短，不足以损其二长也）。吕蒙小的时候就是个愣头青，胆子贼大，天不怕地不怕（子明少时，孤谓不辞剧易，果敢有胆而已），没想到长大了，这小子居然开窍了，很有谋略，出了不少好主意（及身长大，学问开益，筹略奇至）。他打败关羽，要比鲁肃强（图取关羽，胜于子敬），可是总体来说还是比周瑜差一点（可以次于公瑾）。因此，这三个人在孙权的眼里的排名是：周瑜第一，吕蒙第二，鲁肃第三。

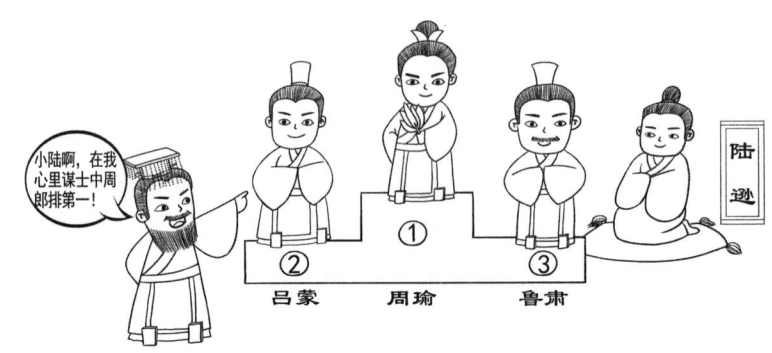

孙　权　子承父业，称雄江东

雷总小语

　　我们常说要用人就要用其所长，扬长避短，然而孙权对吕蒙的使用却不是这样。吕蒙年轻的时候长处明显，作战勇猛，是员猛将，但是短处也明显，读书不多，韬略不足，无法成为帅才。用现在人才管理的话说，就是业绩表现超过预期，但是发展潜力不足，可以成为业务骨干，但是无法成为业务领导。孙权用吕蒙，就特意要磨炼，提高他的短板，不仅给他地方长官的位子来做，还专门鼓励他要多读书多学习。吕蒙也不负孙权的厚望。他悟性极高，短短几年的锻炼就成长为一位文韬武略的帅才，令人刮目相看。在孙刘第一次摩擦中，他不费一兵一卒拿下三个郡，崭露头角。日后，他接班鲁肃成为东吴的军事一哥，并在偷袭荆州的过程中，展现出了惊人的计谋与实施的能力。在基本没有折损兵力的情况下，拿下荆州，稳定人心，并把如日中天的关二爷逼到了绝路。可以说如果没有孙权的识人、用人和培养人，就不会有日后东吴的大都督吕蒙，可能也不会有关二爷大意失荆州的故事了。可惜，吕蒙没有逃过"东吴的魔咒"，正当壮年就不幸病逝。孙权虽然关心备至，极尽手段，仍然无法阻挡吕蒙的英年早逝。不过，吕蒙的离去又为另一位东吴青年才俊陆逊创造了一展身手的机会。而孙权对陆逊的使用之道，也是值得我们仔细琢磨和学习的。

3. 不拘一格，知人善任
（《资治通鉴》六十九卷，魏纪一）

　　曹丕称帝后第二年，蜀国传言汉献帝已经被暗杀。汉中王皇叔刘备为侄子皇帝发丧，并决定要化悲痛为力量，担当起刘家天

下的重任，继承帝位（夏，四月，丙午，汉中王即皇帝位于武担之南）。

可做了皇帝的刘备没有想着如何击败曹魏帝国为先帝报仇，而是心心念念要找孙权算账，为关二爷报仇（汉主耻关羽之没，将击孙权）。群臣对刘备的这个决定意见很大（群臣谏者甚众），大家觉得于情于理都应该先去打曹丕，怎么能打孙权呢？可是刘备对这些意见建议一概听不进（汉主皆不听）。他就是气不过，一定要打这一仗。

兵书说得好：**主不以怒而兴师**。当领导的头脑一发热要打仗，这仗十有八九要输。就在准备出发之前，又出了一件事情：张飞被手下暗害死了！还没开打，先折大将，这实在是不祥之兆。可是箭在弦上，刘备已经不管这么多了，他铁了心就是要打这一仗，自己亲率大军出征东吴。

孙权一看，这一架看来是躲不过去了，那就打吧。于是他一方面务实地向曹丕称臣，避免遭受两面夹击的窘境；另一方面，任命陆逊为大都督，率大军五万迎战刘备。孙刘两家彻底撕破脸皮，要来一场生死大战。这是公元221年的事情，也就是魏文帝黄初二年。

陆逊是谋士出身，在东吴军中的资历比较浅，之前只是个小小的校尉。不过由于谋略出众，被吕蒙看中推荐给孙权。在吕蒙智取荆州的策划中，陆逊被推到前台扮演了傻白甜的角色，成功迷惑了关二爷，助攻吕蒙轻取荆州，立下了大功。吕蒙去世后，孙权破格提拔陆逊成为东吴

帝国新任的大都督。那时陆逊只有三十七岁。你不得不承认，孙权看人的眼光真的独到。年轻的陆逊首次担当重任，面对刘备倾国而出的疯狂进攻，表现出了与其年龄和资历不相符的成熟与城府。他扛住了内部的压力，在隐忍半年后瞅准机会，一举击溃了巅峰期的刘备，令蜀国就此消停十来年不敢乱动。具体如何，雷总和大家细细讲来。

话说刘备倾国而出，经过一番准备后从秭归出军，主动进攻东吴（汉主自秭归将击吴）。看到刘备主动出击了，东吴的将领们都跃跃欲试，向主帅陆逊请战（吴将皆欲迎击之），可是陆逊一概不准。陆逊劝大家："刘备率大军东下，士气正盛，而且借着地势守住险要位置，很难攻打（备举军东下，锐气始盛，且乘高守险，难可卒攻）。一旦攻击不利，就会影响我军的士气。如今刘备沿着山路行军，兵力的优势没法展开，时间长了自然会出现破绽（今缘山行军，势不得展，自当罢于木石之间）。我们先静观其变，慢慢地来对付他（观其变，徐制其弊耳）。"

孔老二说得好，所谓**为将者不能只顾喊打喊杀，而是要懂得恐惧害怕，懂得谋划布局**（临事而惧，好谋而成者）。陆逊这段话充分显示了他作为一名优秀统帅的素质。可是曲高和寡，东吴的将领们无法

体会主帅的思想,还以为陆逊畏战,心里都超不爽的(诸将不解,以为逊畏之,各怀愤恨)。

刘备从正月和东吴开打,一开始还挺顺利,可是不久就陷入胶着状态。双方来回拉锯了五六个月,还是没有打出个子丑寅卯来(自正月与吴相拒,至六月不决)。六月,刘备从巫峡的建平到夷陵的山间,连营扎寨几百里,立了几十个军营。刘备有点急了,就派吴班带上几千人离开山地到平地扎营,挑逗东吴将领。

东吴的那帮粗人也是憋了好几个月没有痛痛快快打一仗了,哪里受得了这样的诱惑,纷纷向陆逊请战(吴将帅皆欲击之)。陆逊还是那句话:"急什么?这里面肯定有鬼,看看再说(此必有谲,且观之)。"过了几天,刘备一看陆逊不上钩,就把埋伏在山谷里的八千伏兵转移走了。陆逊说:"你们看,我说什么来着?我早知道里面有诈(所以不

听诸君击班者，揣之必有巧故也）。"

又过了一个月，经过长期观察、等待和谋划，陆逊在得到老板孙权的支持后准备主动出击了（闰月，逊将进攻汉军）。这个时候，反倒轮到东吴将领们反对了：要打就应该早打，现在人家已经攻入五六百里，双方也相持了七八个月，人家该守的要害都护住了，现在打肯定吃亏（攻备当在初，今乃令入五六百里，相守经七八月，其诸要害皆已固守，击之必无利矣）。

陆逊耐心说道："刘备是老司机了，绝对是大大的狡猾。他大军刚集结时，士气正盛，专注度很高，不能蛮干（备是滑虏，更尝事多，其军始集，思虑精专，未可干也）。如今打得久了又没捞到什么好处，士气低落，意志开始松懈，也想不出什么计策了。所以干翻刘备，就在今天（今住已久，不得我便，兵疲意沮，计不复生。掎角此寇，正在今日）！"

东吴军队先试探攻打蜀军一个营，不是很顺利。各将领都向陆逊抱怨："你看，吃亏了不是（空杀兵耳）！"陆逊顶住压力，沉着应对："大家不要慌，我已经知道破敌之术了。"他命令攻击部队每个士兵手持一把茅草，干吗呢？他要火攻（以火攻）！火攻之

策马上奏效（拔之），胜负之势立刻翻转（一尔势成）。陆逊命令全军出击，同时火攻蜀军各营（通率诸军，同时俱攻），火烧连营七百里，大败蜀军。蜀军四十多营都被一一击破，张南、冯习等将领被杀，杜路、刘宁等将领被迫投降。

刘备率领残余部队撤退到马鞍山上,想稳住阵脚(陈兵自绕)。陆逊这次再也不保守了,而是督促各军四面紧逼加紧进攻,蜀军全军崩溃,伤亡数万人。蜀军的战备力量损失惨重,战船、武器、水陆两军的军用物资几乎全部丢失(其舟船、器械、水步军资,一时略尽)。阵亡将士的遗体沿长江漂流而下(尸骸塞江而下),真是惨不忍睹。刘备连夜狼狈逃走,仅靠身边传信官的帮助烧毁了后路,才勉强逃命进了他人生的最后一站:白帝城(驿人自担烧铙铠断后,仅得入白帝城)。

面对人生最大也是最后一次失败,刘备又愧又气(大惭恚曰):我居然败在了陆逊手上,被人羞辱,这难道是天意吗(吾乃为陆逊所折辱,岂非天耶)?可这真的是天意吗?刘备为报私仇而冒险行军,临阵失将而不知悔改;对外没有公关曹丕一起夹攻,对内不听赵云、诸葛亮的劝谏;打了大半年持久战,全军懈怠,被人家一把火烧得大败,损失惨重。这样一场从头错到尾的战争,难道是天意吗?刘备,你脑子是不是坏了?

刘备年纪大了,脑子已经不清楚了。在后方观战的人,却是旁观者清。在洛阳,曹丕听说刘备在山路中连营七百里,就和手下断言刘备必败。七天后,东吴大败蜀军的报告果然就到了。在成都,由于为人处世哲学不同,诸葛亮个人对法正是不太喜欢的,但是就业务而言,诸葛亮还是很佩服法正的计谋水平(亮每奇正智术)。听到刘备

战败的消息,诸葛亮感叹道:"法正如果还活着,一定能够阻止陛下去打东吴;即便阻止不了,有他在也不至于败得这么惨(孝直若在,必能制主上东行,就使东行,必不倾危矣)。"

还有一个明白人就是本次战役的主将陆逊。见到刘备困守白帝城,东吴将领们都主动要求痛打落水狗,攻上白帝城,活捉刘玄德。孙权没有马上拍板,而是咨询陆逊的意见(吴王以问陆逊)。陆逊的意见是:见好就收,撤(谨决计辄还)。陆逊觉得虽然曹丕接受了孙权的称臣,可是"内实有奸心",还是防一手,留着刘备制衡曹魏吧。当初曹操在樊城打败了关羽而不追击,如今陆逊也出于同样的考虑放刘备一马。三国之所以成为三国,就是因为有这样一批具有同样高水平智谋的人合力造就的(曹公不追关羽,陆逊不再攻刘备,其所见固同也。以智遇智,三国所以鼎力欤)。

都是明白人

其实在雷总看来，整个战役最大的明白人还是孙权。陆逊刚刚被任命为大都督的时候，手下的将领要么是孙坚、孙策时就跟着孙家打天下的老将，要么就是东吴帝国的高官显贵，每个人的资历和背景都很硬，大家对陆逊这个毛头小子根本不服气（初，逊为大都督，诸将或讨逆时旧将，或公室贵戚，各自矜持，不相听从）。当陆逊一开始隐忍退守的时候，手下人满是牢骚和怨言，无数告状信、投诉信飞向孙权。但是后方的孙权一概不看，也不回复，全部冷处理。在前方的陆逊也很明白，从来不向老板告状手下人不听话。实在被逼急了没办法，就以手按剑威胁道："大家都做好自己的本职工作，不听话的，军法从事（各在其位，岂复得辞！军令有常，不可犯也！）。"孙权不支持，陆逊又来硬的，手下这帮将领这才没话说了。

后来，大家渐渐发现陆逊的很多判断都是对的。最后大败刘备，基本都是按照陆逊的策略部署实现的，这才对陆逊心服口服。孙权事后听说这些情况，问陆逊："为什么不把大家不听话的情况汇报给我啊？"陆逊笑笑："他们都是国家的功臣和干将，这样做不太好。我还想做蔺相如这样下能够宽容诸将、上能够为国立功的大臣啊。"孙权对陆逊的气度很赞赏，加封他为辅国将军，兼荆州牧，封江陵侯。

孙　权　子承父业，称雄江东

雷总小语

　　领导用人很重要的一条法则就是信任。你用人家就要信任人家，放手让人家去干。实心干事情的人总会得罪人，总会招来流言蜚语，各种投诉告状。这时候做领导的一定要稳住心性，头脑清醒，不要耳朵根子软，听了别人说些负面的评论就忍不住要插手，这是大忌。蒋介石在这方面就经常犯错误，在军事指挥上不相信自己的将领，经常跳过军团指挥司令直接向下一级部队下达指示。在用陆逊这件事情上，孙权有着很好的眼光以及很强的定力。陆逊虽然年轻，但是思虑周到，谋略高超，很有城府，是非常优秀的帅才。孙权大胆启用后，对他完全信任，重大决策经常与他商量，前线所有事务放手让陆逊决策，绝不干预。他收到这么多的投诉告状信，只要有一次忍不住过问或者插手，就等于释放了对陆逊不信任的信号。这对陆逊在前线的权威绝对是极大的打击。因此，有时候领导对手下最大的支持不是经常开会了解最新情况，或者经常询问需要什么帮助，而是忍住不问不说、让其放手去干。当然，一旦看走眼所托非人，这样做也会有很大的风险。所以说管理用人是一门艺术，没有绝对的公式可以套用。孙权绝对是历史上识人用人激励人的艺术大师。

石 勒
(公元274—333年)

从奴隶到皇帝

石勒父亲曾是羯族的首领，因八王之乱部族逃散，一度被卖作奴隶。后投靠刘渊，为刘渊立下奇功，逐渐成为汉赵帝国第一武将。公元311年，石勒率领精锐一举全歼了西晋帝国最后一支主力部队，助攻刘聪和刘曜攻陷洛阳，俘虏晋怀帝，制造了史上著名的"永嘉之乱"。他与刘聪、刘曜构成汉赵帝国铁三角，称霸北方。公元319年，刘聪死后，刘曜称帝，石勒与刘曜的汉帝国决裂。公元330年，在打败了刘曜后，石勒正式称帝，完成了从奴隶到皇帝的华丽转身。他的赵帝国（史称后赵）当时几乎统治了整个中国北方，按时间顺序是历史上五胡十六国中的第三帝国。

这位兄台的经历实在是太有传奇色彩,妥妥地可以改编成电影剧本,所以雷总要多花点笔墨介绍他。石勒是羯族人,原来不姓石,就叫小勒。小勒出生在孙权过世20多年后的西晋年间(公元274年),老家在如今的山西上党。据说他从小就很有胆色,也善骑射。他的父亲曾是羯族的首领,后来因为西晋末年八王之乱①,部族逃散,小勒一度不幸被卖作奴隶。

从奴隶到将军

当时司马颖兵败,他的老部下公师藩自称将军,在河北一带起兵,人数有好几万之众。为了对付公师藩,东嬴公司马腾对胡人实行了一次大规模的抓捕活动,抓来的胡人被卖作奴隶充实军费。二十多岁的小勒在这次抓捕行动中不幸被捕,受尽凌辱,最后被卖给了一个叫师欢的人。

这个师欢还是有眼力见识的。他看出来小勒相貌不凡,最后居然免除了他的奴隶身份,放他跑了(欢奇其状貌而免之)!雷总估计小勒本人长相比较凶悍,师欢觉得自己根本hold不住这样的凶神,不知道哪天他会把自己给剁了。还不如做好人放人家一条生路,也给自己留一条活路。

恢复了自由身的小勒先是做了山大王,后来又带领几百人的队伍

---

① 八王之乱:指西晋时期,汝南王司马亮、楚王司马玮、赵王司马伦、齐王司马冏、长沙王司马乂(yì)、成都王司马颖、河间王司马颙、东海王司马越八王为争夺中央政权而引发的内乱,虽参与这场动乱的王不止八个,但八王为主要参与者,且《晋书》将八王汇为一列传,故史称这次动乱为"八王之乱"。"八王之乱"使社会经济遭到严重破坏,导致西晋亡国,并带来近三百年的动乱,进入五胡十六国("五胡乱华")时期。

投靠了公师藩。直到这时,人家才正式给他个姓,姓石名勒,五胡十六国赫赫有名的石勒就此登上了历史舞台(始命勒以石为姓,勒为名,石勒始此)。

这一年是公元305年,石勒已经三十岁,是饱经人世沧桑的成熟稳重男人。

石勒打仗很勇猛,很快就在公师藩的队伍里脱颖而出,成为一员大将。可惜公师藩的实力太弱,在和代表朝廷的司马腾、司马越兄弟的对抗中渐渐落了下风。公元307年,石勒多次大败,逃到山西乐平,实在无路可走。他放眼望去,四海沸腾,九州硝烟,没有一个太平的地方。当时山西这个地面上实力最强的是已经自称汉王的匈奴人刘渊。由于大家都是胡人的背景,比较好沟通,所以石勒决定,投奔刘渊。

刘渊也是个奇人。他是匈奴人,但却取了汉姓"刘",因为他们声称祖上是当年威震草原的冒顿(mò dú)单于,而汉高祖刘邦把自己的女儿嫁给了冒顿和亲,所以他们就是刘邦的后人。刘渊时代的匈奴早就没有了当年冒顿单于的八面威风,早些年被曹操收服在山西北面,编成了五部,刘渊是当时的五部大都督,相当于匈奴少数民族自治县的县长。刘县长看到西晋八王之乱,司马家骨肉相残,天下大乱,就乘机拉起了大旗自称"汉王",几年后这位汉王刘渊还称帝建立了汉帝国。这还不算神奇,最神奇的是他的队伍里培养出了一大批猛人,包括儿子

刘聪、养子刘曜、大将石勒，还有石勒的侄子石虎。这群人的履历上都有一个共同的特点：做过皇帝。刘渊这支队伍加上他自己前前后后一共出了五任皇帝，实在是史上最高效的天使投资加 IPO 平台。

公元 307 年，石勒投奔刘渊，加入了这个神奇的平台。那时的山西（并州）正连年闹饥荒，刘渊只能在自己的地盘上自保，根本无力扩张。石勒的加盟不仅给刘渊带去了新鲜血液，还带来了自己在河北、河南作战的丰富经验，为日后刘渊在黄河以北的发展提供了很大的帮助。

说到石勒带去的新鲜血液，就要提及石勒刚加入刘渊时立下的一件奇功。当时在乐平有支山大王武装两千多人，领头的是来自乌桓的张伏利度（这名字听上去像英文名字 John Freed），为了方便起见，我们就叫他小张吧。刘渊想招纳小张很久了，可是小张一直就不给面子。石勒假装自己得罪了刘渊，跑去投奔小张。

小张非常嗨皮，当即和石勒结为兄弟，让他带领自己手下的胡人兄弟出去抢劫。石勒可是带过上万兵马的大将，指挥一两千人的强盗实在是小菜一碟。他带领大家无往不胜，手下人都对他佩服得五体投地。石勒看到大家都服他了，在一次内部高层会议上突然下手，把小张给抓了

起来，然后霸气地问大伙儿："今天我们要干一件大事，你们说，我和小张谁更有资格当头（今起大事，我与伏利度谁堪为王）？"这还有啥说的，大伙儿都愿意跟着石勒干。得到了大家的拥护，石勒放了小张，带上队伍一起归附刘渊，单枪匹马成功地完成了一次比智取威虎山更加真实而传奇的卧底策反任务。

得到小张两千人马的刘渊大喜过望，当即封石勒为辅汉将军，都督山东征讨诸军事，并把小张的队伍交给石勒带领。石勒就此有了自己日后发展的班底。第二年（公元308年）开始，他东征河北、山东、河南，攻城略地，逐渐成为汉帝国第一武将。公元311年，石勒率领精锐一举全歼了西晋帝国最后一支主力部队（无一人得免），助攻刘聪和刘曜攻陷洛阳，俘虏晋怀帝，制造了史上著名的"永嘉之乱"。

那时候的汉帝国皇帝是刘聪，都城在山西平阳；刘曜是相国，长期在西边的关中驻守，后来还攻破长安俘虏了晋愍帝，彻底摆平了西晋帝国；而石勒是大将军，长期驻守在东边的襄国，他把幽州的王浚和并州的刘琨这些忠于晋朝的势力全部搞定。这三个人构成了汉帝国最有实力的铁三角，称霸北方好几年。后来铁三角的一个角刘聪先崩了，儿子刘粲也被外戚

夺权杀害，平阳大乱。

石勒和刘曜一齐出兵平定了叛乱，可平乱完了，作为刘渊养子的刘曜居然招呼都不打一声就自己称帝了！为了拉拢实力强劲的石勒，刘曜封他为大司马、大将军，加九锡，增加十个郡的封地，并升职成为赵公。与此同时，刘曜在背后还不停地搞小动作。对这样的操作，石勒实在是忍无可忍。公元319年，石勒在襄国宣布即赵王位，自称大将军、大单于，统辖黄河以北二十四郡，正式和刘曜的汉帝国决裂。

又过了11年（公元330年），在打败了刘曜两年后，石勒正式称帝，完成了从奴隶到皇帝的华丽转身。他的赵帝国（史称后赵）当时几乎统治了整个中国北方，按时间顺序是历史上五胡十六国中的第三帝国。

领导艺术四：谋略过人，笃学好古

雷总之所以选择石勒这个人物来写，一方面是因为他的身世很有传奇色彩，另一方面还因为他虽然是少数民族出身，但是很善于招揽汉族人才，为自己的发展制定策略，自己也极善学习与总结；同时他还心胸宽广，做人大气，很会做统战工作。如果上天多给他几年阳寿，雷总甚至认为石勒有可能成为中国历史上第一位一统天下的少数民族皇帝。下面我们就分享几个充分体现石勒领导力的故事。

1. 揽人才，定战略

（《资治通鉴》八十六卷，晋纪十）

话说永嘉之乱（公元 311 年）后，晋朝的天下已经分崩离析。当时的局势非常混乱，让我们摊开中国地图从南到北顺时针方向给大家大致介绍一下。南方长江中下游以南的地盘基本都在琅琊王司马睿（当时尚未称帝）控制下；西边的四川成都、重庆早在八王之乱的时候就有个叫李雄的氐族人称帝，国号成，也算是五胡十六国中的一国；北方的关中还是晋朝中央政府的地盘，由晋愍帝司马邺作为西晋帝国名义上的皇帝继续勉力支撑，但连年战乱饥荒，已经没啥实力了；在中原，刘聪的汉帝国看似控制了很大的地盘，可是匈奴人只会攻不会守，很多地盘抢了又丢了。比如晋朝政府地方官员刘琨就借助鲜卑人的力量重新夺回了并州（山西）的部分地区，还占据了州府所在地晋阳；幽州刺史王浚也借助少数民族势力在冀州（河北）北部、辽西一带建立了自己的势力范围。

当时最强大的汉帝国内部也不是铁板一块，因为他们猛人实在太多。所谓猛人一般都是很有自己想法也很有能力实现自己想法的人，而且一般都自视甚高，互相不太服气。比如我们的石勒同学。

石勒同学那时候已经是汉帝国数一数二的武将了，帝国整个黄河以南的核心地区几乎都是石勒打下来的。石勒不仅打仗了得，而且谋略上也更胜一筹，这是因为他不但本人谋略水平颇高，还有一个有名的谋士张宾。

史载张宾好读

书，胸怀大志，常常自比为张良。反正都姓张，保不准五百年前还真是一家人。那时天下大乱，群寇并起，张宾眼光独到，一眼就认定石勒最有英雄气概。他对自己的亲戚说："我仔细观察了各位将领，没有人比得过这位胡人将军，这是个可以一起成大业的人（吾历观诸将，无如此胡将军者，可与共成大业）！"

看中石勒的张宾提上剑就来到石勒的军营门口，大声呼叫要见石勒。要是一般人，准以为张宾是个神经病，或者是个大忽悠。石勒是个见过世面的人，自己也喜欢剑走偏锋，所以并没觉得张宾这样标新立异的做法有啥奇特（勒亦未之奇也）。"你想来做谋士是吧？那就来吧！"石勒当时专门设立了一个贤人营，负责招揽各地人才，为他出谋划策，相当于石勒的智囊团。

没想到这个张宾还是真有料的，加入智囊团不久就脱颖而出，好几次给石勒出主意都料事如神，石勒都惊了，立刻提拔他为贴身参谋兼机要秘书，凡事都要听听张宾的意见（宾数以策干勒，已而皆如所言，勒由是奇之，署为军功曹，动静咨之）。

张宾为石勒做出的第一个重大决定就是除掉王弥！

王弥可是个十足的草莽英雄。当年他靠着山东兄弟拉起造反大旗，屡败屡战，居然一路打到洛阳，把晋朝中央政府都搞得非常狼狈。战败后才不得已投靠刘渊，成为刘渊帐下的一员虎将。王弥最光辉的业绩就是和刘曜一起联手打下了洛阳，制造了历史上著名的"永嘉之乱"。后来刘曜丢了长安被贬了职，当时的武将里论军功还有人能和石勒掰掰手腕的，那大概就只剩下这个王弥同学了。

王弥与石勒表面上称兄道弟，其实暗地里都是互相提防，说不定还抽冷给对方来个黑脚（王弥与勒，外相亲而内相忌）。比如王弥就曾经想过要下套除掉石勒，被石勒截获密信后偷偷把送信人给干掉了。所以石勒知道王弥的心思，而王弥却不太清楚石勒的打算。

那石勒是怎么打算的呢？对此张宾有很清楚的策略：王弥必定要图谋我们，我们要先下手为强，找机会诱他上钩，把他给办咯！

那时候石勒和王弥正分别和一些地方武装争斗，难解难分。王弥这边有点顶不住了，就向石勒求援，但石勒没同意。老子这边也吃紧，哪有工夫去救你这个冤家对头。

张宾一看，机会来了！他急忙劝石勒："这是老天爷给我们机会除掉王弥啊！我们现在的对手都是小菜，放一边等等也没事，王弥这道大菜一定要抓紧吃掉啊！"石勒听了张宾的话，掉转枪头去救王弥，把王弥的对手斩杀于阵前。王弥大喜，以为石勒是真心帮自己的，对他完全放下了戒备心。

既然胜利了，照例要喝顿大酒庆祝一下。石勒请王弥来自己的地盘喝酒，毫无戒备的王弥欣然前往，在喝完他人生最后一顿酒后被石勒当场斩杀。石勒收编了王弥的部众，然后给领导刘聪上表，声称王弥叛乱。

刘聪也不傻，当然看出来其中的猫腻，大怒。他派人专程去当面骂石勒："你谋害公卿，还有没有把我这个皇帝放在眼里啊（专害公辅，有无君之心）！"可刘聪骂完了又摸了一下。为了安抚石勒，刘聪加封石勒为镇东大将军，兼管并州与幽州军事并任并州刺史。这等于是默许了石勒谋害自己同一个战壕兄弟的无耻行为（居然还有这样的操作！）。

从那一刻开始，石勒成了真正的汉帝国军事一哥，为他日后的单飞奠定了基础。

吞并王弥后的石勒实力大涨。第二年（公元312年），他屯兵葛陂，大造战船，准备攻打建邺。琅琊王司马睿不敢轻敌，在寿春集结部队准备迎战。一场决定南北双方命运的大战一触即发。

可是这场战争就像点了火线的炸药，被突如其来的一场大雨浇灭了引信，最后没有炸响。这场雨下得实在是太蹊跷，因为它下了整整三个月，中间都不带停的（会大雨，三月不止）！石勒军中缺粮严重，又碰上大规模传染病，仗还没打就死伤过半。

石勒一筹莫展，他把大家聚在一起商量对策。手下人七嘴八舌，有的说要求和的，有的说要移军高处避雨的，还有的愣头青准备冒险出击夜袭寿春的。只有张宾一个人光听着，就是不说话。石勒听完一圈没有发表意见，转过头来问张宾："张先生，您有什么想法（于君意何如）？"

张宾缓缓地举起右手的食指，就一个字：撤！

当然，这一个

公元312年　大雨连下三个月

字后面还是有很多深思熟虑的。张宾缓缓说道:"将军去年攻陷京师,俘虏天子,杀害王公,掳掠嫔妃,就是把您的头发全都拔下来一根一根数,恐怕都数不过来您的罪行啊!您为啥还要再想着继续打工做人家的臣子呢(擢将军之发,不足以数将军之罪,奈何复相臣奉乎)?"

张宾一开口就石破天惊,几乎已经挑明了意思:老板,我们单干吧!

张宾接着说:"去年您既然杀了王弥,就不该接着来打建邺,替刘汉帝国卖命。如今天降大雨数百里,就是警告将军不该逗留此地。"

石勒知道张宾的套路,没有插话,等着他把答案说出来:"不该留在此地,那我们该去哪儿呢?"

"去邺城!"张宾大声说出了自己的想法。

邺城有三台防守①,易守难攻,西面接着首都平阳,山河通达。我们应该向北占据邺城,以此为中心经营河北。河北平定了,天下就没有人能比得上将军的实力了(邺有三台之固,西接平阳,山河四塞,宜北徙据之,以经营河北,河北既定,天下无出将军之右矣)!

---

① 邺城的西北有三台,中间是著名的铜雀台,由曹操修筑,高十丈;南边是金雀台,北面是冰井台,均高八丈。丈是中国古代计量单位,西晋时期一丈等于十尺,一尺等于23厘米。高十丈为当今23米。

石勒问道:"那撤军的话,眼前的局面怎么处理呢?"

张宾也想好了:"晋军担心将军往南进攻,本意只是想保住寿春而已。如果我们撤了,他们肯定不会追击。如果您实在不放心,就让辎重部队先往北撤,您带领大军向寿春进发,吓唬他们一下。等辎重走远了,您再率领部队缓缓撤退,肯定没问题。"

张宾的这段话不长,但是堪称企业战略的经典,不仅有企业愿景(自己单干),也有实现愿景的战略路径(占据邺城,经营河北),更有解决眼前问题的战术部署(辎重先行,缓缓撤退)。方方面面全部考虑到位,可操作性极强,而且言辞简洁到位,秒杀当今以 MBB[①] 为代表的战略咨询公司任何一份 ppt 报告。

什么是好的战略?好的战略不是一堆堆的市场分析,各种 framework(分析框架)乱飞,和貌似很有 insights(洞察)却让人不知所以的分析结论。**好的战略归根结底就是选择。对企业来说就是选择用有限的预算和人力重点做什么(Priority)**,对石勒来说就是选择为汉帝国卖命继续打建邺,还是准备自己单飞;是继续往南攻打建邺,还是往北占据邺城,经营河北。能把战略用简洁的几句话讲清楚的就是好的首席战略官,而张宾就是这样一位优秀的首席战略官。

听完首席战略官张宾的大论,CEO 石勒当即拍板决定:"就按张先生的意思办(张君计是也)!"张宾当即被升职为右长史,号曰"右侯"。

石勒的这一战略选择改变了自己的命运,也改变了历史的走向。石勒率大军放弃南进,回军河北,先后占领了襄国和邺城,并以此为基地经营河北根据地。因为这两个城市属于原来战国时期的赵国,后来石勒自称赵王,并最终建立起了自己的赵帝国。由于赵国源自刘渊、刘聪的汉帝国,汉赵是一家,因此历史上又称刘渊的国家为汉赵或者前赵,而石勒的国家为后赵。南方的司马睿得到了喘息和发展的时间,为日后

---

① 麦肯锡(McKinsey)、波士顿(BCG)、贝恩(Bain),全球顶级咨询公司。

的称帝做好了准备。南北双方的正面冲突由此整整推迟了40多年，直至公元356年恒温北伐，不过那个时候前赵和后赵都已经亡了。

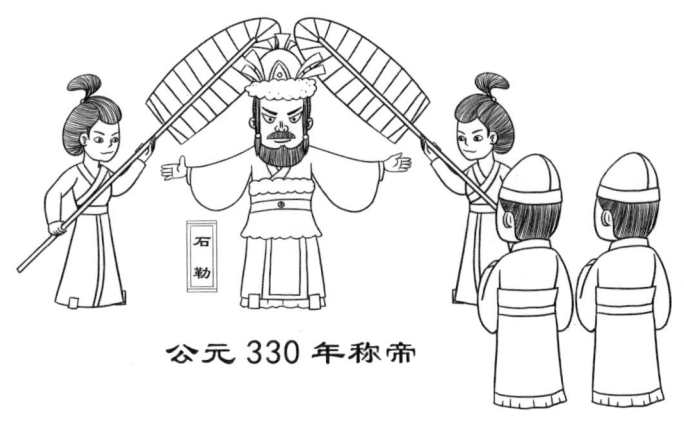

公元330年称帝

雷总小语

一个成熟的领导人必须具有高瞻远瞩的战略能力。战略能力不是会写或者会读战略报告，而是清晰地知道自己的企业和团队要实现什么样的远景目标（vision）以及选择什么样的路径来实现这一目标。战略归根结底就是两个字——选择：选择成为什么样的公司/团队/个人，以及选择如何成为这样的公司/团队/个人。石勒和张宾的这段对话是历史上非常经典的战略对话，虽然知名度不高，但其价值和意义完全不亚于刘备与诸葛亮的隆中对。在这段对话中，张宾帮助石勒确定了远景目标，那就是不甘为人臣子，自己单干，日后称帝。同时他也为石勒分析了不同的路径，继续往南，连上天都不支持；只有往北，占据邺城，经营河北，称霸天下。其实，之前吞并王弥，张宾就已经在为石勒成大业做铺垫了。话说到这里，一个宏伟的战略已经规划好了。虽然这个战略不是石勒亲自谋划的，但张宾是他招揽的人才，最后认可并拍板的还是石勒本人。石勒以其卓越的战略能力，在公元312年选择了自己的远景与前路，并在日后逐步实现了自己的战略目标,成为称霸北方的一代雄主。

2. 懂机变,有气度

(《资治通鉴》八十六卷,晋纪十)

上一篇故事讲的是战略的制定,这篇要讲的是战略实施过程中的灵活性以及石勒本人的气度格局。

话说石勒听取了张宾的建议,挥师向北,准备攻占邺城。那时候的邺城是啥情况呢?情况很复杂。最初这里是汉帝国的地盘,是石勒打下来的,后来交给了王弥看着。王弥被石勒除掉后,他的手下大将安北将军赵固和平北将军王桑担心自己也被石勒给吃掉了,就投奔了当时晋朝在北方并州的一方势力——刘琨。

这位刘琨大家可能不熟悉,但是如果提到"闻鸡起舞"这个成语大家一定听说过。刘琨就是这个成语的男二号,男一号是大名鼎鼎的

祖逖(另一个成语"中流击水"的主角)。两人当时都在司州做主簿(秘书),胸怀大志,感情深厚,一起吃饭,一起睡觉,还盖一条被子。一大早听到鸡叫,祖逖就拉着刘琨起床一起练剑,这就是成语"闻鸡起舞"的出处。

刘琨当时已经在并州站稳了脚跟,很有人望。赵固和王桑归顺后,他就派自己的儿子刘演驻守在邺城。当时的邺城属于晋朝的地盘。

石勒 从奴隶到皇帝

石勒的大军一到邺城，刘演就把部队收缩防守在三台，等待石勒的攻击。石勒的手下都跃跃欲试，只有张宾一个人反对。

哎，不对啊！这占据邺城不是张宾提出的战略吗，怎么他反对自己的主张呢？

张宾的思虑很周密，他说道："刘演虽弱，仍有数千部队，三台险固，短期内根本攻不下来，不如舍他而去，敌人必将自己溃散。并州的刘琨和幽州的王浚才是将军的大敌，应该首先考虑打败他们，刘演不足为虑。如今天下饥乱，我们虽有大军，但没有根据地，来回征战，人无定志，这可不是个办法。不如先找个地方安顿下来，广聚军粮，西靠平阳，图谋幽州和并州，这才是霸王的事业。我看邯郸、襄国两个地方都不错，您挑一个做都城吧。"

石勒那时对张宾已经是言听计从了："好，就按右侯的意思办（张宾被石勒封为右侯）！"于是大军进占襄国城。

这里面我们可以学到**战略实施当中的重要一课：Plan B（后备计划）**。战略实施过程中总会碰到很多的变化和困难，比如缺少军粮啊，有土匪骚扰啊什么的。有些是可以从战术上解决的，解决后既定战略可以不变。但是有些困难是短期内无法解决的，或者需要付出很大代价才能克服的，比如攻占邺城三台。这时候就需要重新审视之前的战略，不能一根筋不回头，更不能因为这是自己提出的战略，为了面子打肿脸充胖子。这时 Plan B 就很重要，需要作为后备计划以防不测。更何况搞一个根据地经营河北这个大的战略方向还是没有变，到底是占据邺城还是襄国只是个技术问题。在这一点上，李自成的军师牛金星就要比张宾差得远。当年大顺国貌似占了很大地盘，其实一块根据地也没有。最后在山海关一战失利后被人家追得满世界跑，到底还只是个流寇而已。

扯远了，话说回来。石勒占据襄国后，张宾又向石勒建议："我们驻扎在这里，一定会成为刘琨、王浚的眼中钉。现在最怕的是城池还不稳固、军粮还不充足，此二人就来攻打我们。所以，现在的重点就是要赶紧收集军粮，同时立刻派出使者到平阳，向领导刘聪汇报我们在这里的意图。"

石勒马上照办：他派出几路队伍攻取冀州各郡县，收集粮食，运到襄国；同时，上表刘聪，和领导加强沟通，取得共识。刘聪很满意，进封石勒为上党公、冀州牧，管理冀州、幽州、并州和营州这四个地区的军事。

果然如张宾所料，没过多久，晋朝的幽州刺史王浚就派出五万大军攻打石勒的襄国。这五万大军成分复杂，既有王浚的亲信主力，也有他借调的辽西少数民族武装。其中战斗力最强悍的是鲜卑人疾陆眷和他带来的一帮兄弟，包括匹磾（dī）、文鸯还有末杯（bēi）。

疾陆眷带领大军驻扎在襄国城东，石勒派出去的好几个部将都被打败了。疾陆眷乘势大造攻城器具，准备攻城，石勒的部下都很紧张。石勒召集大家商量对策："如今城池不牢固，存粮也不多，敌众我寡又没有外援，情况很危急。我打算率军和敌人决战，一战定胜负，大家看怎么样？"

什么？决战一把玩 show hand？将军你疯了吧？手下人都不同意："我们还是坚守襄国，等到敌人疲惫退军的时候再出击吧。"

领导有想法，可手下不同意，这恐怕是做一把手经常会碰到的尴尬局面。怎么办？听大家的，领导的权威就没了；硬着干，恐怕大家都不服气，结果也不会好。这时候，还是要大家都信任的首席战略官张宾出面打开这个局面。

张宾分析道："鲜卑族里要数段氏最为强悍（疾陆眷兄弟都属于段氏部族），而其中末柸是强中之强。他们大军远道而来，激战数日，觉得我们势单力孤不敢出战，肯定思想上有所懈怠。我建议先不要主动出击，要对外示弱，同时在北城墙凿二十几个适合突击的小门（突门）。等敌军来到，还没有排好阵势，出其不意从突门奇袭末柸中军营帐，起到震慑敌军的作用。敌军一乱，来不及调整，末柸必败。末柸一败，其他人自然不战而溃。"

大家一听,这么打说不定还真有得一打,于是都同意了。石勒立刻着手派人秘密凿建突门。第二天战场局势的发展基本如张宾所料,唯一有出入的地方就是从突门出击的精锐部队居然被末杯击退了。不过末杯本人冒险追击不幸掉进了埋伏圈,被石勒俘虏了。疾陆眷一看最厉害的大将被俘,急忙撤军。石勒在后面一通猛砍,获得了大胜,光缴获的精锐铠马就有五千多匹!

获得大胜的石勒在张宾的建议下见好就收,派出使者向疾陆眷求和。疾陆眷本来就是给王浚当枪使的,受了这么大的损失当然也不想再打了,对求和真是求之不得。他答应给石勒大笔的铠马金银,条件只有一个:把末杯放回来。

石勒手下的将士们不干了。这末杯可是鲜卑族一等一的勇士,他杀了我们这么多兄弟,这账怎么算?放虎归山,怎么可能?!大家都劝石勒干脆把末杯给杀了得了。

石勒不是这么想的:"鲜卑族能征善战,与我们素来无冤无仇,这次只是被王浚当枪使了。今天杀了末杯容易,但是这结下的血海深仇以后就难办啦!做人嘛,就要大气一点。我们就把他放回去,鲜卑人必然感念我们的恩德,以后再也不会为王浚卖命了。"难怪张宾如此认同石勒,石勒这几句话说得还是很有韬略的,雷总不得不为石勒的大气格局点个赞。

大气的石勒请来末柸，和他喝了顿大酒，结拜为父子，放他回辽西。石勒还派侄子石虎带着大笔的金帛去疾陆眷的营帐和他结盟，双方建立了战略合作伙伴关系。这些举动把鲜卑人感动得热泪盈眶，特别是那个末柸对石勒是佩服得五体投地，回去的路上每天都向南边石勒的方向磕头三次。从此以后，鲜卑段氏一心一意就跟着石勒走，王浚的势力也因此大大地衰落了。

第二年（公元313年），石勒派侄子石虎攻下了邺城，终于实现了张宾谋划的北取邺城、经营河北的重要战略部署。紧接着，他就要向北面的王浚开刀，准备逐步一统河北，一步一步建立起自己的帝国！

这个故事里讲了领导力的两个法则。

第一个是关于战略实施的灵活性。战略方向和计划制订后，在实施的过程中总会遇到很多意想不到的情况与困难，令人措手不及。成熟的领导人总会考虑周全，留着一个后手，就是后备计划。**在战略方向不变的情况下，在战略实施上保持灵活性，有时候甚至会有意想不到的结果。**在这个故事里，石勒本来的战略意图是要占据邺城，并以此为根据地经营河北。但是由于晋朝的守军占了先机，他听从张宾的建议调整方向占据了襄国，并以此为根据地击退了王浚的进攻。一年后条件成熟了，他仍旧攻下了邺城，结果形成了邺城—襄国的双核心根据地，反而比之前的谋划具有更好的战略效果！

第二个是关于领导人的气度。历史上具有高瞻远瞩战略格局的优秀领导人并不少见，不然他们也无法取得旁人无法企及的成就，然而有气度、能容人的领导人却真心不多，特别是历史上少数民族的领导人。因为古代少数民族生存的自然条件恶劣，民族性格强悍好斗，恩仇必报。你敬我一尺我定还你一丈，你若犯我我必十倍地报复。石勒刚刚经历了一场大战，虽然大获全胜，但是自己的部队肯定也是损失不小。面对俘虏的敌军第一悍将末柸，听从手下的建议，一刀砍下去自然快意恩仇，然而石勒却拒绝了。因为他清楚地知道，真正的对手是晋朝的王浚与刘琨，而鲜卑段氏部落是可以团结拉拢的对象。领导者的心胸只有容得下眼前的敌人，才能容得下日后的天下。而且这种宽容并不只是表面的敷衍与技巧，必须是真心实意的，这才能真正赢得人心，否则虚伪的面目一旦被识破，结果反而会更加糟糕。事实证明，石勒的确是真心结交末柸，而末柸也真心为石勒的气度所折服。在日后石勒称霸北方的过程中，末柸和段氏部落一直都是他最坚强也是最忠诚的盟友。雷总在职场中经历过不少的领导人，许多人职业素养很高，商业能力出众，但在处理人的事情上不免失之虚伪和冷酷。真正有气度能容人的领导人却是凤毛麟角，可遇而不可求。历史上像石勒这样有气度、有格局的领袖也是屈指可数，这也是雷总认为石勒非常出众的重要原因。

3. 学习型的领导

（《资治通鉴》九十一卷，晋纪十三；九十五卷，晋纪十七）

扫码读原著
晋纪十三

扫码读原著
晋纪十七

石勒是个学习型的领导。他不识字，自然没怎么读过书，但是他有一个很好的学习方法：他让手下的秘书们读历史，自己用耳朵听，然后按照自己的理解评论古今得失，居然收获颇多，还说出了些道道儿（勒虽不学，好使诸生读书而听之，时以其意论古今得失，闻者莫不悦服）。有一次他听人读汉书，听到郦食其劝刘邦立六国的后人，当场惊呼："这肯定不行，这样如何得天下呢？"后来听到张良劝阻，这才长出一口气，说道："幸好有张良啊！"

不断学习的石勒自然要思考如何运用学到的知识。他做了赵王之后，着手做了几件事情。他觉得当时世道太乱，律令繁多，让老百姓无所适从。于是他找来法曹令史贯志同志（法曹令史是官名，贯志是人名），让他把主要的法律梳理一遍，选择最主要的律令编写成五千多字的法律条文《辛亥制》，颁布实行。这个《辛亥制》是历史上少数民族政权编撰颁布的第一部法律，用了十多年，可惜已经失传了。

有了法律，接下来就是如何执法。他找来理曹军续咸（理曹军是官名，续咸是人名）做律学祭酒。这个职位不是负责喝酒的，而是负责执法的，也就是大法官。据说这位续大法官执法公正严谨，就像大宝，虽然不用天天见，但是大家用了都说好（咸用法详平，国人称之）。

学习了汉人知识的石勒还做了一件令汉人敬佩的事情。当时正值五胡乱华时期，少数民族纷纷起来造反成立自己的帝国，汉人被屠戮驱赶，很多人便渡江去了江东，也就是历史上著名的"衣冠南渡"。留下的汉人常常被匈奴等少数民族欺辱，处境凄惨。石勒虽然自己是少数民族（羯族），也把少数民族称为"国人"，但是他的理

想是把自己的帝国建立成为一个多民族的大家庭。大家庭里胡人是哥哥,比较会打架,汉人是弟弟,比较有文化。既然是一家人,会打架的哥哥怎么能欺负有文化的弟弟呢?于是他任命了两位将军做门臣祭酒,当然这也不是负责喝酒的,而是负责胡人的刑事案件,特别是严禁胡人欺负凌辱汉人(重禁胡人,不得凌侮衣冠华族)。

石勒从汉人的历史中学会了很多治国之道。比如,他曾经派出多个中央工作巡视小组,到各个州郡视察,帮助各地老百姓恢复农业生产(遣使循行州郡,劝课农桑)。他还学习使用汉人天子的礼乐、衣冠、物品等,从形式到内容全面学习汉族的先进文化。

通读历史后的石勒对自己也有一个清晰的认识。称帝后,有一次石勒大宴群臣,问大家:"我和史上哪位皇帝可以相比啊(朕可方自古何等主)?"下面的人自然一通彩虹屁:"陛下神武谋略高于汉高祖刘邦,其他人无法和您相比啊。"

石勒呵呵一笑答道:"马屁拍过头了,人岂可没有自知之明呢?朕如果遇到了汉高祖,当作他的臣子,与韩信比肩;如果遇到汉光武帝刘秀,那就一起逐鹿中原,到时候还不知道鹿死谁手。大丈夫行事,就要光明磊落,如日月皎皎,哪能像曹操、司马懿这样欺负人家孤儿寡母,用下三烂的手段来夺取天下呢?"

这番话说明,在石勒的心目中,自己是和光武帝刘秀并肩可比的人物,比刘邦要差些,但是比曹操、司马懿的格局要高很多。

最后,说一个有关石勒的逸事作为结尾。

史称后赵王石勒用法严峻,尤其是对"胡"这个字特别敏感。当时,赵王宫殿刚刚建成,门禁制度才刚开始实行,有个胡人不懂规矩喝醉酒居然闯进了止车门。石勒大怒,把负责宫门管理的冯翥(zhù)叫过去问责。小冯同志非常害怕,一紧张就嘴上忘了把门,脱口而出:"不是我的错啊!是有个胡人喝醉了,骑着马冲进门,横得不得了,我都没法和他说话啊!"说完他才意识到,他说了"胡"字,那可是石勒最忌讳的字眼啊!

石勒呢?非但没有生气,反而笑道:"嗯,胡人有时候的确是很不好说话啊(胡人正自难与言)。"挥了挥手,赦免了他。据说黄瓜原来叫胡瓜,也是一个官员怕说错话,临时改口才叫成了黄瓜,并自此后成为大家都熟悉的名字。

领导虽然平时很严厉,但有时候也需要一些幽默感。

雷总小语

领导需要不断地学习,这是毋庸置疑的。这里面重要的不是学习的内容,而是学习的能力。学习的内容是不断更新的,只有掌握了学习的能力,才能迅速地掌握各种知识,提高自己的领导决策水平。雷总觉得学习的能力包括学习方法和知识运用。

说起学习方法,雷总一直觉得上课、读书不是唯一的学习方法,对石勒这样不识字的人来说就更不适用了。石勒很聪明,他找到了适合自己的方法——听。他通过听人家读历史,来获取知识,通过自己分析得失,来提炼对自己有用的养分,提升自己的认知。其实每个人获取知识与信息的有效方式不同,有的适合读报告,有的适合听汇报,而有的适合到一线视察,在实际操练中学习。不管如何,**每个领导都要学会选择对自己最有效的学习方式来获取信息,这是学习能力的第一步**。

学习能力的第二步就是运用,这不是简单的模仿与复制,其中包含了很多的思考与探索。比如石勒对法律的修订与执行,就有他对历史经验的思考。历史上刘邦与关中百姓的约法三章非常有名，历史的背景是当时秦朝法律过于严苛，简化法律是得民心的举措。当然，仅靠约法三章是无法管理日后逐渐强盛的汉帝国的，后来萧何修订汉律也是越来越复杂的。当时西晋崩溃，天下大乱，各种新老律令非常繁杂，老百姓无所适从，所以简化律令是大势所趋。但是石勒想得更深一层，就是法律的执行。律令可以简化，但是执行必须严谨。所以他特意挑选一位合适的大法官来执法，确保新的律令能够得到周全的执行，获得大家的支持。可以看出石勒思考的周全。他没有照搬历史的经验，而是深入理解当时的背景、前后的演变以及各种得失，才能如此运用自如。

一个不断学习同时经常反省思考（reflection）的人，才会对自己也有清醒的认识。虽然史书上没有记载石勒是否经常反思，但是雷总觉得他对自己的评价还是中肯公允的，背后一定有很多的自省与思考。**知人者智，自知者明。**石勒就是这样一个有智慧、很清醒而且有点幽默感的领导者。

袁 绍
(不详—公元202年)

色厉胆薄，短于从善

袁绍，字本初，汝南汝阳人，出身名门望族，其家族有"四世三公"之称。为东汉末年割据势力之一，最盛时控有冀州、幽州、并州、青州等河朔四州，是东汉末年实力最强盛的诸侯。公元200年，在官渡之战中惨败给曹操后元气大伤，不久便因仓亭之战大败受到重挫，悲愤而亡。袁绍其人遇事不决、外宽内忌且无远见，个性上有诸多缺点且对局势判断不明，终致大业败亡。

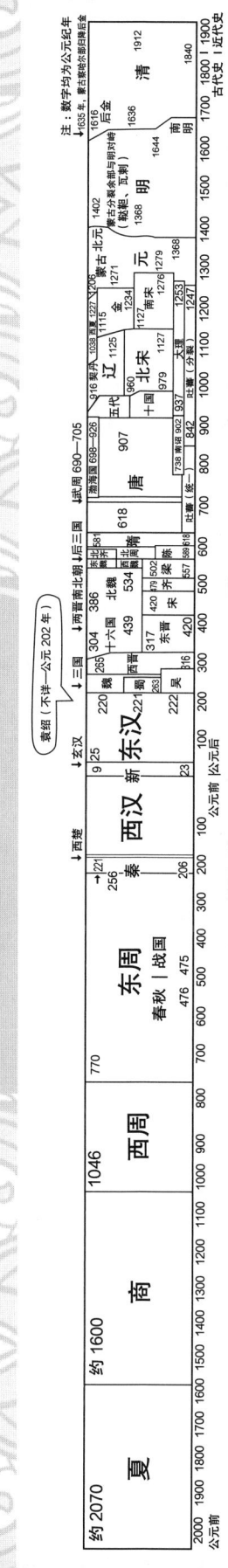

讲了几位成功领导人的案例，接下来也要讲几个反面案例，从另一个维度帮助大家理解优秀的领导需要避免哪些陷阱与错误。下面这段要介绍的就是三国中赫赫有名的北方一霸——袁绍。

东汉末年，汉室衰微，群雄争霸。有很长一段时间，当时公认最有实力一统北方甚至天下的不是曹操，更不是刘备和孙权，而是袁绍。讲到这位袁大人，着实实力不凡，他一出生就握了一手好牌，拥有所有对手都没有的大IP："四世三公"。

袁绍履历

什么是"四世三公"？三公是当时官员里的最高级别职位，级别类似于现在的政治局常委。不过当时的常委没有现在那么多，总共才三个位子：司空、司徒和司马（后来改为太尉）。其中，司空负责的是全国的工程项目，包括水利工程、城市建设、宫殿建造等；司徒负责老百姓的日常管理（掌人民事），包括户籍、民事、司法、徭役等；司马（太尉）负责军事。东汉巅峰时期有五千六百万人口，军国大事的管理最后全都依靠这三位大佬来拍板，实在是人中龙凤、精英中的精英。一般家族能够出一位三公级别的人物，就足以光宗耀祖、各种凡尔赛体炫耀上百年。

老袁家实在是太过彪悍，连着四代都有人做到这个级别：袁绍爷爷的爷爷袁安做过司空和司徒；曾祖父袁敞做过司空；爷爷袁汤犀利无比，司徒、司空、太尉都干过，实现了不可企及的大满贯；袁汤的两个儿子袁逢和袁隗也都是"三公"人物，而袁绍就是袁逢的儿子。史载老袁家"累世贵宠"，袁绍论资历、背景、出身都没得说。再加上他本人相貌英俊，气质威严，所以只要一出场就自带BGM（背景音乐），头上亮着"四世三公"的闪闪光环，一副年少有为的气派。

公元188年，袁绍一出山就被任命为朝廷新组建的西园新军八校尉之一，是东汉朝廷着意培养的青年才俊，当时和他一起出任校尉的还有曹操、袁术等人。大将军何进接手西园新军后，对袁绍非常信任

（信而用之），因此袁绍成为大将军身边重要的谋士，也参与了影响东汉末年政局走势的重大决策，其中的一项决策就是清除宦官。

汉灵帝生前宠幸十常侍①，宦官当政，把宫内宫外搞得一塌糊涂，已经到了人神共愤的程度。汉灵帝去世之后，小皇帝年纪太小，老妈何太后就把权力交给了哥哥——大将军何进（这也是东汉传统的外戚当权的桥段）。作为何进的重要谋士，袁绍极力推动大将军尽快铲除宦官势力。可是何太后（还有何太后的老妈）收了宦官的贿赂不支持，何进又犹豫不决，把袁绍急得直挠头。

为了帮助何家人下决心，袁绍出了一个貌似"聪明"的主意：召各地猛将带兵进京，用武力胁迫太后除掉宦官（多召四方猛将及诸豪杰，使并引兵向京城，以胁太后）。可惜，后来的事实证明这是一个非常糟糕的决定，因为他们请来的人里有一位史上著名祸国殃民的大胖子：董卓。

---

① 东汉灵帝时操纵政权的张让、赵忠、夏恽、郭胜、孙璋、毕岚、栗嵩、段珪、高望、张恭、韩悝、宋典等12个任职中常侍的宦官。

不过，一开始这个计策还是起到了一定的效果。各方兵马到来后，太后和宦官都异常恐慌，十常侍甚至排队到大将军门前，跪地求饶。关键时刻，何进心太软，没有将这些十恶不赦的宦官们当场咔嚓了，只是教训了一顿，放了人家一条生路。死里逃生的宦官们可没有那么仁慈，他们立刻密谋召大将军何进入宫，乘其不备反而把何进给咔嚓了。

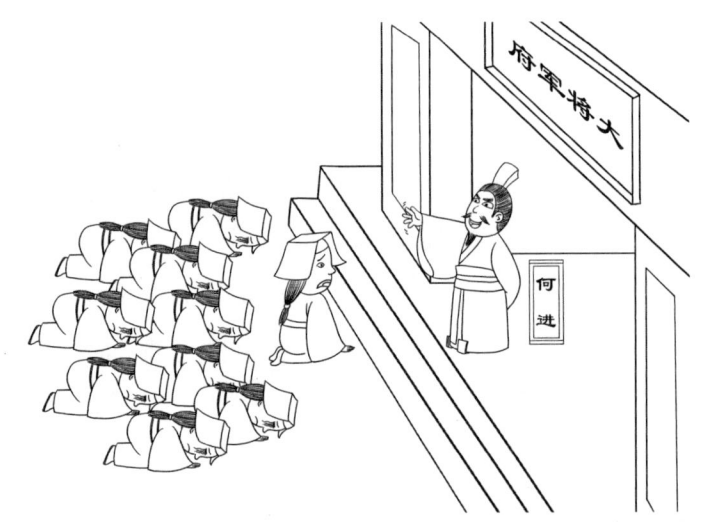

袁绍、袁术兄弟在宫外得知消息后大怒，也不考虑后果，当即就带领西园新军杀进皇宫，捕杀宦官。整个皇宫火光四起，宫中顿时大乱。混乱之中，皇帝被宦官挟持出逃，不幸落入了董卓的手中。

董卓是袁绍从西凉请来的军阀，虽然有皇帝在手中，可当时还没有能力完全掌控朝政。袁绍作为何进身后众望所归的领袖人物，完全有能力遏制董卓的野心，成为帝国新的执政者。可惜关键时刻，袁绍没扛住，他不但没有体现领导人物应有的担当挺身而出，反而是畏惧董卓而逃出洛阳，跑到了渤海郡做太守。正是因为袁绍的出逃，东汉朝廷群龙无首，这才有了后来董卓肆无忌惮祸害洛阳、残害百姓、欺辱皇帝的事情，并直接导致了天下大乱，东汉皇权彻底沦丧。所以雷总一直认为：**东汉帝国崩溃、皇权衰落的第一责任人就是错误决策、没有担当的袁绍。**

当然，袁绍还是为挽回自己的错误做过一些努力，也付出了很大的代价。公元 190 年，袁绍组织山东各路军阀讨伐董卓。为此，袁氏宗族留在洛阳的老少上百口全被董卓杀害，袁绍家族为了讨伐董卓付出了惨重的代价，但袁绍却因此赢得了很多政治上的同情，并被大家一致推举为盟军的首领。即使后来盟军讨伐失利，大家作鸟兽散，袁绍仍然是当时各路英雄豪杰争相投靠的首选大咖（皆为豪杰所归），名震河北。像曹操、荀彧、刘备这些后来的风云人物，当年都曾经是袁绍手下的打工人。袁绍利用自己无与伦比的声望以及强大的文武班底，几年间就拥有了冀州（河北）、青州（山东）、并州（山西）和幽州（河北/辽东）四个大州，成了黄河以北实力最强大的诸侯。如果一切正常，袁绍一统北方乃至天下只是时间问题。

然而优势太明显的袁绍却接连犯下了不少的错误,将自己的巨大优势一点一点耗尽了。首先,他非常不注意团结盟友,和不少政治盟友反目成仇,甚至包括自己同父异母的兄弟袁术和曾经的好兄弟公孙瓒。结果,耗费了不少实力与盟友作战,延误了迅速扩大地盘的时机。其次,他不肯倾听手下人的建议,错失了很多打败对手的好机会。当年先想到"挟天子以令诸侯"的不是曹操,而是袁绍的谋士。可是,袁绍嫌多个领导在身边碍手碍脚,就给否了。结果让当时实力一般的曹操抢得了先机,迎接洛阳受难的皇帝到许昌,夺取了政治的制高点。后来在官渡之战(公元200年)中,袁绍将不听手下建议的特点发挥到了极致,但凡正确的建议一概不听,在局面绝对占优的情况下孤注一掷玩show hand。结果关键时刻许攸叛变,被曹操一把翻盘大败而回。此外,在决定继承人的事情上,袁绍也是犹豫不决、瞻前顾后,几个儿子各领一州。结果导致自家内斗,在官渡之战之后没几年,他的儿子们就纷纷兵败被杀,袁家四个州的地盘尽数落入了曹操的手中(公元207年)。一统北方的曹操第二年就兵发荆州,发动了那场著名的赤壁之战。

当时袁绍已经不在了,他在官渡之战两年后就因为心中郁闷,吐血而亡。曾经的"四世三公"后人、大将军身边的红人、独占四州的北方第一雄主,条件这么好,实力这么强,怎么会败得这样惨,败得这样窝囊呢?雷总相信换了谁都会心中郁闷。就让我们来仔细分析一下袁绍作为一个领导的所作所为,总结一些可以为我们所警戒的教训。

前车之鉴一:志大智小,短于从善

在官渡之战前,曹操与袁绍实力悬殊,手下人都非常担心。为了给大家打气,曹操站出来说了一段对袁绍的评论:我和袁绍是从小玩大的,我太了解这哥们了(吾知绍之为人)。怎么讲呢,他就是心比天高、智商却比纸薄(志大而智小);外表看着很凶胆子却贼小(色厉而胆薄），手下兵虽多却分工不清（兵多而分画不明），将领都自以为是，军令不统一（将骄而政令不一）。他的地盘虽然大，粮食虽然多，到最后还不都是为我所用（适足以为吾奉也）。

光哥（司马光）也曾罕见地专门写了一段话概括袁绍：袁绍外表看上去很会做人，很局气①，也有城府；可骨子里却是自我感觉超赞、刚愎自用，听不进别人的好建议，因此才会败得如此狼狈（绍为人宽雅，有局度，喜怒不形于色，然性矜愎自高，短于从善，故至于败）。

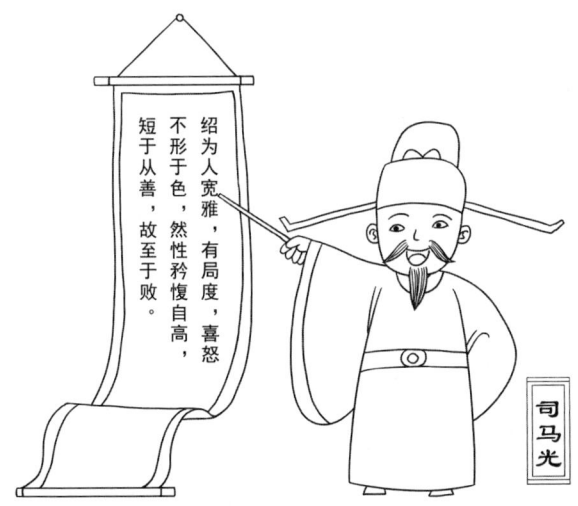

雷总觉得这些评论都是非常中肯的，准确地指出袁绍虽然外表光鲜（绍为人宽雅，有局度），但是作为一个领导者却缺乏必要的素质，包括决策的智谋（志大而智小），勇气与担当（色厉而胆薄），博大的胸怀，以及善于听取意见（性矜愎自高，短于从善）。

下面就用几个故事来为大家具体讲解，作为领导者应避免的错误。

1. 轻虑浅谋，短见薄识

（《资治通鉴》五十八～五十九卷，汉纪五十～五十一）

---

① 北京方言，形容为人仗义，说话办事守规矩不要赖。

话说东汉末年外戚和宦官轮番当政。在汉灵帝时期，以张让、赵忠为首的十常侍受到皇帝的信用，祸乱国家。灵帝挂了之后，小皇帝上任，风水轮流转，大权又到了外戚何家的手中。具体而言，就是何太后的哥哥——大将军何进的手中。

当时的大将军何进很有腔调，他刚刚摆平了政敌蹇硕和董老太后，还顺手把蹇硕的西园军纳入麾下，成了西园军八大校尉的直属老板，其中的一位年轻校尉就是袁绍。作为新老板，何进对袁绍还是很信任的（信而用之），袁绍也肯为新老板卖命，他从何进上台开始就劝何进把宦官都杀掉（悉诛诸宦官）："大将军，今天将军您手上有劲兵，个个都愿意效命，大事尽在掌握，您应该好好把握时机，建立名垂青史的功业。"

可是何进有顾虑，主要原因就是他妹妹何太后不支持。于是袁绍换了个姿势，又给他老板出了个主意："我们召各地猛将带兵进京，用武力胁迫太后下定决心除掉宦官（多召四方猛将及诸豪杰，使并引兵向京城，以胁太后）。"

看上去好像是个好主意，是不是？雷总告诉你，这绝对是个很馊很馊的主意。有个参谋当时一听就跳起来了："国家大事，这不是瞎搞吗（国之大事，其可以诈立乎）！将军您手上有权、有兵，该出手时就要血淋淋地上（但当速发雷霆，行权立断）。您现在放着手上的兵权不用，反而要请别人帮忙，到时候大军聚集，强者为王，事情没办成反而使国家陷入了内乱（功必不成，只为乱阶耳），千万不可以啊！"

八大校尉中另一位日后的风云人物听了这个主意也乐了。他一语直指要害："宦官专权，归根结底就是皇上不该给他们权力（世主不当假之权宠）。要解决问题，只要派一个警察局长杀了领头的就搞定了（当诛元恶，一狱吏足矣）。现在大张旗鼓请外面将领带兵进京，搞得地球人都知道，能成功才怪呢（吾见其败也）。"白的胃（by the way，顺便说一句），这位日后的风云人物就是曹操。

但何进不听，他反而觉得袁绍的主意挺不错的。

东汉末期天下大乱有很多原因，雷总觉得最直接的原因就是袁绍出的这个馊主意。不仅主意馊，请来的人更损，因为何进第一个想到的就是身材肥硕的胖子董卓（进召卓使将兵诣京师）。手下的明白人一听，都劝他不要找董胖子玩。侍御史郑泰劝何进："那个董胖子既强势又残忍，还薄情寡义，贪得无厌（强忍寡义，志欲无厌）。你要找他来一起玩儿，最后肯定大家都玩儿完（授以大事，必危朝廷）。"

  董卓一收到何进的命令，马上就明白机会来了。当即整顿队伍立刻出发（即时就道），同时还回了一封上书，向领导表明立志斩除宦官的决心。真是个贼精贼精的胖子。

  太后到底还是个蜡烛，不点不亮，看到董卓的上书就慌了（乃恐）。于是下诏把那些宦官头子全免了（悉罢中常侍、小黄门），让他们出宫回自个儿家待着（使还里舍），不许留在内宫。那些宦官平时嚣张跋扈，这会儿全都成了丧家之犬，跑到何进那里谢罪，求何大人放他们一条活路。

  何进很得意。他看着这帮以前趾高气扬的人跪在他面前瑟瑟发抖，以为自己已经大获全胜了。他向宦官们训话："国家乱到这个程度，就是你们这群浑蛋搞的（天下匈匈，正患诸君耳）。现在董卓的部队就在城外，你们还不赶紧收拾收拾，滚回自己的封地去（何不早各就国）？"

  这时袁绍就在何进边上，他力劝何进："老板，机会这么好，人家都送上门来了，干脆当场全都抓起来，就地咔嚓了（于此决之），简直完美（请大家脑补配上金星老师的手势）！"可何进不知哪根筋又抽抽了，就是不同意（进不许）。袁绍当时就醉了。

事后证明,何进的优柔寡断其代价是极其沉重的。捡了一条小命的宦官们想办法做太后的工作又回到了宫中,他们矫诏召何进入宫,密谋杀害了大将军。当时,何进手下将领吴匡在宫外听说老板在宫里被黑了,拉上人马就要往宫里闯(欲引兵入宫)。但是宫门紧闭,又有宦官领兵把守(中黄门持兵守阁)。他和中郎将袁术一起攻门,打到快天黑了,看着实在不行就开始放火烧南宫的青琐门,想把张让给逼出来(欲以胁出让等)。

张让这些宦官害人绝对一把好手,可要动起家伙来就不行了。他们一看火起,都慌了。一群人跑到太后那边告状说大将军手下造反,放火焚烧宫殿。太后一听也慌了,没有了主意,就被张让他们挟持着,连同皇帝刘辩和皇子刘协(当时的陈留王,就是后来的汉献帝)还有一帮宫女丫鬟一起往北门逃(从复道走北宫)。

此时宫中已经大乱。这一群宦官、宫女加太后与皇帝的队伍根本就没有组织纪律性,很快就走散了。那边袁绍和何苗(何进的弟弟)也带兵来到北门的朱雀阙下,正巧碰上赵忠一伙儿从北门出来,逮个正着,当即给干掉了。

袁绍、何苗与南门的吴匡他们终于兵合一处,大家坐下商量下一步怎么办。当时的局势已经乱成一锅粥了,袁绍在八校尉里威望最高,大家都看着袁绍等他拿主意。袁绍当时脑袋也已经一团糨糊了。面对熊熊燃烧的大火、老板血肉模糊的人头和乱作一团的内宫,袁绍干脆把宫门一关,告诉手下人,就一个字:"杀!只要是宦官,不管年纪大小,统统都杀掉!"那一个晚上的皇宫内,绝对血腥,两千多名宦官送命。有不是宦官却没胡子的,也被当成宦官给干掉了(或有无须而误死者),实在是够倒霉的。

在这场史无前例的宫廷混乱中,张让他们带着小皇帝和陈留王已经从洛阳北门逃出了京城,来到了城北的小平津。队伍只剩下了几十人,除了宫内那些宦官和宫女,当官的没有一个人跟着(公卿无得从者)。更要命的是走得太匆忙,连皇上的玉玺都没带上(六玺不自随),而且第二天又碰上了

董卓在城外的部队。就这样，董卓捧着这天上掉下来的大馅饼回到了宫中。

东汉的皇权与天下从那一刻开始，就逐步沦丧了，直至三十年后，汉献帝禅位给曹魏。

好的领导人一个非常重要的特质就是为未来做规划，而不是只为当下做决策。他需要看到未来2～3年，甚至更远，然后再考虑当下如何决策，这就是我们常说的深谋远虑；从另一个角度来说，领导人还需要深刻地了解当下的决策对未来的影响，要能预判可能的后果，不能为了短期的利益而牺牲了长期的利益。以上的故事中，袁绍出主意请来外援逼宫太后，就是典型的为当下做决策。他只顾着当下要逼迫太后下决心除掉宦官，却没有仔细考虑可能的后果，而且又所请非人，请来了凶残的董卓，为后来的董卓乱国埋下了祸根。至于后来他和袁绍攻入皇宫，斩杀宦官，这更是一个头脑发热、只顾当下的错误决策。他根本没有考虑皇帝的人身安全，结果皇帝被宦官挟持出宫，不仅丢了玉玺，也从此丢失了对皇权的掌控。东汉帝国的丧乱，以及日后群雄争霸、三国纷争、生灵涂炭，这一切都是源自袁绍这一系列的决策失误，实在是罪大恶极。

2. 色厉胆薄，多谋少决
（《资治通鉴》五十九卷，汉纪五十一）

扫码读原著

汉纪五十一

东汉皇权旁落、群雄争霸的局面是从董卓乱国开始的，在这个过程中，袁绍其实本来是完全有实力阻止董卓掌权，甚至是可以翻盘自己上位的。可是他在关键时刻一而再地跟随了他自己内心的想法，导致董卓得以步步紧逼，最终hold住全场，并干出了种种祸国殃民的事情。

有样东西你不得不信：气场。气场和人的背景、教育、经历好像都有关，又好像都无关。有些人往那里一坐，还没开口，眼睛四下这么一扫，气场就能把全屋的人震住。人和人的较量说到底就是气场的较量，袁绍和董卓比气场，差得不是一星半点。

皇帝刚回宫时，董卓人马很少，位子不稳。来自山东的鲍信就劝袁绍："董卓手握强兵，肯定有想法（将有异志）。我们现在不动手，日后必为其所制。不如乘着他刚来，先下手为强，一定能行（袭之，可禽也）！"可袁绍不知为啥，想起董卓就不由得哆嗦（绍畏卓），死活不敢动手（不敢发）。

过了几天，董卓找袁绍说事，两个人有机会当面交锋PK气场，那次袁绍几乎是完败。下面雷总就把这段交锋实景回放一遍给大家看看。

董卓和袁绍双方落座，董胖子先说话："皇帝是天下人的老大，应该找贤明的人来当（天下之主，宜得贤明）。你看灵帝干的那些破事，想想就让人心塞（每念灵帝，令人愤毒）。"

袁绍一听，啥意思，上来就议论先帝，你想干什么？他不吭声，接着听。

董卓看袁绍没反应,继续往下说:"我看陈留王这小子还算机灵,想改立他做皇帝(董侯似可,今欲立之)。人嘛,聪明不聪明,也很难说(人有小智大痴,亦知复何如)。话虽这么说,刘家的种还是要留下来的(为当且此,刘氏种不足复遗)。"

袁绍心想,这说的什么乱七八糟的!你不就是想行废立之事,然后你再废汉自立吗?作为汉家四代政治局常委家族的代表,袁绍断然反击:"刘家坐天下四百多年了,深受广大人民的拥护与爱戴(恩泽深渥,兆民戴之)。当今皇上正年富力强,也没干啥缺心眼的坏事(未有不善宣于天下)。您现在要废嫡立庶,这绝对讲不过去。我和我的小伙伴们是不会同意的(恐众不从公议也)!"

袁绍讲的是道理,而且句句在理,可是你要根据你的受众来决定沟通方式。董卓这个人就是流氓,根本不和人讲道理。他一听袁绍不同意,手按在剑柄上开骂了(按剑叱绍):"你小子说什么?!天下大事,我说了算,我的地盘我做主,谁敢说个不字,以为我董卓手上的刀是吃素的吗?"

大家可能觉得这些话是雷总参照电影桥段现编的,其实这真的是董卓的原话,分享原文如下:竖子敢然!天下之事,岂不在我!我欲为之,谁敢不从!尔谓董卓刀为不利乎!

袁绍也怒了,声音提高了八度(勃然曰):"你以为就你厉害,就你会耍流氓吗(天下健者岂惟董公)!"

两边都怒了,手都放在家伙上了,现场气氛极度紧张。一场老大之间的血拼眼看是在所难免。雷总读到这儿也是凝神屏息,看这出戏会如何收场。

只见袁绍唰一下把刀抽出来了(引佩刀),横着摆了个pose(横揖)。双方都绷紧了神经,双眼露出杀气,貌似下一秒钟就要开打了。然后……然后……这哥们就……走了(径出)。

真的,袁绍他就这么走了,天晓得他是怎么好意思这样走的。家伙都亮了,脸皮都撕破了,好歹也搏一把干一场,弄不好干倒了董卓,天下就是他袁绍说了算了。但袁绍还是从心底里怕董卓,气场实在是拼不过人家,只能摆完造型就开溜。读到这样搞笑的故事结局,雷总也只能无语了。

色厉胆薄

其实董卓也是心有顾忌。他知道袁家背景深厚，也就吓唬一下，不会真把他怎样（见绍大家，故不敢害）。但袁绍回到家后，越想越怕，他把当初何进给他可以先斩后奏的假节挂在上东门，一个人骑马索性逃向了冀州。东汉历史一个重要的转折机会就这样失去了。

没有了袁绍的阻挡，董卓立刻召开大会，强行通过了换皇帝的决议。把当时皇帝刘辩的玺绶解下，从位子上扶下来，北面称臣，再把陈留王刘协扶上了皇帝的宝座。董卓一言堂，谁都不敢发声反对（莫敢言者），太后使劲忍住不哭出声来（太后鲠涕），群臣含悲。立了新皇帝后的董卓自封太尉，领前将军事，加节传、斧钺、虎贲，封郿侯，自此打开了汉末大乱的潘多拉魔盒。

历史的转折有时候就取决于某个关键人物在关键时刻的言行和举动，以上故事就是一个典型例子。当袁绍面临董卓的试探和挑衅时，如果他极力反对，奋起抗争，董卓顾忌他的背景是不敢轻易动手的。事实上，司马光在写到这一段时也是这么评论的。如果当时袁绍再大胆一些，直接当面冲突，该出手时就出手，甚至当场斩杀董卓，那真的就成了拯救东汉帝国的救世英雄。可惜，袁绍没有这份勇气和担当。在需要一个有担当的英雄人物站出来的时候，袁绍非但没有站出来，反而还不知羞耻地逃跑，为董卓肆无忌惮地祸乱国家打开了方便之门。雷总想，如果当时站在那里的是曹操、孙坚或者是刘备，历史的走向可能会截然不同。历史没有如果，袁绍的逃跑说明了他不是一个有担当的领导者，也预示了他日后失败的结局。

3. 干大事而惜身，见小利而忘义

（《资治通鉴》五十九卷，汉纪五十一）

汉纪五十一

见利忘义

话说袁绍逃离洛阳后来到渤海郡，做了一个小小的渤海太守，实力有限。手下人给他出主意，让他联合北面的公孙瓒一起把冀州给拿下，作为日后发展的根据地。那时的冀州牧叫韩馥，才能非常一般，也没什么胆识。看到如狼似虎的袁绍与公孙瓒两个人一起杀来，腿肚子都软了，乖乖地交出了太守印，让袁绍轻轻松松地就吃下了冀州这块大肥肉。

有了大肥肉，袁绍却连骨头都不肯放过，而且是自己兄弟碗里的骨头。他趁着袁术派孙坚攻打董卓没有回来，竟然派人去偷袭孙坚地盘上的阳城！作为名义上反对董卓同盟的盟主，做出这种事情实在是有够下三烂。孙坚听到消息时人都傻了，他叹道："大家同举义兵，挽救国家，没想到逆贼未破，自己人居然

窝里斗,谁才是真正能一起扛枪打仗的兄弟啊(吾当谁与戮力乎)?"孙团长被迫回军应战。

没想到的是公孙瓒的兄弟公孙越也在袁术那里打工。袁术派公孙越协助孙坚出战,结果中了流矢挂了。这下把原来的盟友公孙瓒也惹毛了:"我弟弟死了,全都是袁绍害的(余弟死,祸起于绍)。"于是公孙瓒发兵攻打袁绍,冀州很多城池也跟着一起反叛袁绍。袁绍吓坏了,把自己管理的渤海太守大印交给了公孙瓒的弟弟公孙范,想缓和下敌我矛盾。公孙范也不客气,率领渤海的军队帮助哥哥一起打袁绍。为了贪便宜攻打一个小小的阳城,袁绍丢了渤海,丧失了盟友,搞得四面楚歌,实在是亏大了。

最惨的是连自己同父异母的兄弟袁术也成了他的敌人,大家互相拉帮结派,搞了很多小动作(各立党援以相图谋)。袁术和北面的公孙瓒结盟,可以南北夹击袁绍;袁绍和袁术南面的荆州刘表结盟,也可以夹击袁术。双方的势力就像三明治一样,一层叠一层:最北面是公孙瓒,往南是袁绍,再往南是袁术,最南面是刘表。大家交叉着交朋友,又与邻为敌,像小朋友过家家一样。

面对袁氏兄弟的争斗,当时很多人还是支持袁绍的(豪杰多附于绍)。袁术就像小孩,看见大家都不和他玩儿就怒了,居然说:"袁绍不是袁家嫡亲的种,大家不和我玩儿,非要和我家的家奴玩儿吗(群竖不吾从而从吾家奴乎)?"袁术说这话也不完全是造谣,因为袁绍是他爹的私生子,后来又过继给伯父袁成,论出身的确没有袁术正统。但不管怎样,就因为这句话惹得袁绍大怒,这对宝货兄弟的关系算是彻底闹掰了。

袁家兄弟反目,一不小心就把孙坚就给垫了进去。那时袁术派孙坚带领部队去讨伐袁绍的盟友刘表,刘表派手下大将黄祖迎战。孙团长一如既往地彪悍,打败黄祖,包围了襄阳城。刘表就命令黄祖悄悄逃出城,不幸被孙团长发现,又是一场大战,黄祖再败,逃进了岘山中。孙坚乘胜追击,不出意外就该顺利结束战斗了。可没想到黄祖手下有狙击手，藏在竹木间暗箭伤人，居然把正在追击的孙团长给射死了！一代英杰，因为一对宝货兄弟内讧而不幸英年早逝。那一年是公元191年，孙坚的大儿子孙策才17岁，日后的男主孙权才9岁。就这样，孙家和刘表以及袁家也结下了仇怨。

在这些爱恨情仇的纠葛之中，袁绍也逐渐失去了盟友的支持和夺取天下的大好局面。

结 盟

雷总小语

俗话说得好，兄弟同心，其利断金。袁绍和袁术是同父异母的兄弟。当时两个人一个占了冀州，一个有了豫州和扬州，都是中原要地，有人有粮。这两兄弟要是联手，那估计曹操、刘备、孙权什么的基本上都没机会出头了，最后天下就姓袁了。可惜，袁绍没有这样的觉悟。他不懂得作为一个成功的领导者，要会团结各种力量，不仅包括自己的兄弟、朋友和盟友，甚至包括自己的敌人。袁绍却自我感觉太赞，心胸狭隘，化友为敌，一把好牌打得稀烂。

与袁绍相反，曹操在团结盟友这方面做得异常出色，特别在对待张绣这件事情上。当年张绣可是和曹操结下了血海深仇：在淯水河边，曹操的儿子曹昂和大将典韦都是因为张绣的突然袭击而死的，曹操本人中了流矢逃走，差点丢了性命。可是在和袁绍决战之前，张绣听从了谋士贾诩的建议，毅然投靠曹操。曹操居然不计前嫌欣然接受，还与他结了亲家封了侯。什么是胸怀？这就是志夺天下的胸怀！你杀了我儿子和大将，把我打得狼狈不堪，但是我不介意。只要利于我夺取天下，我一样可以敞开胸怀接受你的加盟。面对失败，曹操越挫越勇，还有这样的胸怀化敌为友，这样的人怎么会不成功呢？

4. 刚愎自用，不听劝告

（《资治通鉴》六十二~六十三卷，汉纪五十四~五十五）

东汉皇朝统治天下前后近二百年，可是几年的工夫就一步一步陷入了崩溃的深渊：先是传销组织黄巾军在大忽悠张天师的带领下造反，撬松了铁板一块的帝国；接着是史上著名的昏君汉灵帝宠信宦官，可劲儿折腾，搞得天下大乱；然后何进大将军不长记性，要杀宦官却被宦官所杀，搞得宫内大乱，皇帝出逃连玉玺都丢了；再有袁绍出馊主意，请来董胖子（董卓）勤王，结果是请来了一条祸国殃民的疯狗，自己还在一对一PK中临阵脱逃，错失了扭转历史的大好机会；最后是王允计杀董卓（《资治通鉴》里没有提到貂蝉半个字），却没有处理好董卓老部下的安置问题，让李傕、郭汜这样不入流的人物杀入长安，登堂入室。李傕、郭汜上位后，两个人又开始争斗：一个劫持了天子，一个扣押了百官。可怜汉献帝小刘苦到了极点，一路狼狈不堪从长安城跑回了破败的旧都洛阳，皇帝的面子和里子全都丢得干干净净。汉家皇帝虽然处境惨淡，但那时候名义上还是汉家的天下，却有人从中看出了巨大的商机，准备出手抄底，挟天子以令诸侯。

那个如此有远见的人是谁呢？大家第一反应一定猜是曹操。恭喜你，答错了！第一个具有如此政治智慧的人叫沮授，他那时是袁绍的手下。汉献帝刚在洛阳城安顿下来，他就力劝袁绍："老板，您的出身那是杠杠的，绝对根正苗红（将军累叶台辅，世济忠义）。现在中央政府算是彻底没戏了（今朝廷播越，宗庙残毁），那些军阀只顾自己根本不管国家。您现在兵强马壮，实力最强（州域粗定，兵强士附），如果我们西迎皇上，把国都迁到我们邺城，那真是我们说啥就是啥，谁不听话就灭谁（挟天子以令诸侯，畜士马以讨不庭），那可就厉害了（谁能制之）！"

袁绍没想明白，一时拿不定主意。他手下有个"聪明"的谋士郭图颇不以为然，反对迎皇上。郭图觉得这个小刘早就没什么 power 了，请他来就是莫名其妙多了个上级，干啥事都要请示汇报碍手碍脚（动辄表闻），实在是个白痴到家的主意（非计之善者也）。袁绍也觉得郭图说得有道理。沮授气坏了，警告他们：这事儿我们不干，肯定有人动手（必有先之者矣），到时候你哭都来不及！可是袁绍就是不听（绍不从）。后来的结局大家都知道了，更具有政治眼光的曹操将皇帝接到许都，挟天子以令诸侯，后来居上成了天下的第一雄主。这不是袁绍第一次不听手下的正确建议，也不是最后一次。后来官渡之战前后，袁绍更是将不听劝告的特点发挥到了极致。

雷总觉得光哥的评论很到位，特别是那句"短于从善"。在整个官渡之战的过程中，袁绍的谋士们给他提出无数合理化建议，可他刚愎自用，对各种建议不听，不听，就是不听，还是不听。最后一步步地走向了扑街惨败的结局。以下雷总就为大家具体讲诉这场历史上著名大战的主要过程以及袁绍的种种不听。

1）不听之一

不听之一

最早想和曹操打这一仗的是袁绍。这也很自然，袁绍那时刚刚灭了公孙瓒，自我感觉超赞（心益骄），觉得自己有精兵十万，战马万匹，灭曹操那是手到擒来。可沮授却不同意。

沮授眼光独到，见识不凡，他劝袁绍："老板，我们刚刚打完公孙瓒，部队连年征战，百姓快吃不消了，存粮也不多，实在不适合再打场恶仗。我觉得务实的策略是务农息兵，先派人到皇帝那边汇报下，如果曹操不让我们见皇上，我们就说曹操'隔我王路'。然后我们进兵到黎阳，慢慢经营河南，多造些船、多搞点武器。再分派精兵骚扰他们的边境，烦死他们。我们以逸待劳，绝对能搞定！"

雷总不懂军事，但把沮授这段话原封不动翻译过来，读着觉得很 make sense（有道理）。连史学大师胡三省都忍不住在注释里评论：如果袁绍能采用沮授的建议，曹操就死定了（使绍能用授言，曹其殆乎）！可惜袁绍不听，因为他身边有两个非常"聪明"的谋士：郭图（又是他）和审配。当初就是这两个人反对沮授，劝袁绍不要迎接皇帝的，这次他们又跳出来了：我们袁老板这么英明神武，兵强马壮，灭曹操就是小菜一碟，至于这么麻烦吗？

袁绍在迎接皇帝这件事情上吃过亏，但智商却始终没有充值，他觉得郭图他们说得对（绍纳图言）。不仅如此，郭图还在背地里说沮授坏话，说沮授权力太大，这样下去很难控制，建议袁绍分他的兵权。袁绍又同意了，把沮授的部队一分为三，削了他的兵权，真是让人为他的智商着急。有这样智商未充值的谋士，袁绍如果赢得了曹操，那真是老天无眼啊。

2）不听之二

公元199年8月，曹操先发制人，开始了兵力部署。他先进驻黎阳，就是沮授建议袁绍出兵的地方，可见沮授和曹操想到一块儿了。然后派精兵入青州（现山东北部），防止袁绍打击他的侧翼，同时分兵驻守官渡。就在这个关键的时候，当时正在曹操阵营的刘备突然反叛，占据了徐州，还宣布和袁绍结盟。

当时曹操与袁绍已经在官渡拉开了架势，前前后后的各方势力也都差不多摆平了，刘备这一闹，的确让曹操很纠结。不打吧，刘备和袁绍联手，两边受敌，很难受；打吧，万一袁绍乘虚从背后来这么一下子，更难受。就在曹操纠结难断的时候，他的谋士郭嘉出来说话了："袁绍多疑，行动缓慢；刘备刚刚崛起，队伍还不稳。给他雷霆一击，必败！"

权衡半天，曹操决定：打！结果很简单，刘备如愿被曹操狠狠修理了一顿，大败。关二爷被擒，刘备的老婆孩子第N次被活捉。刘备一夜间就从高富帅被打回原形，仓皇逃到袁绍那里，好久都没缓过来。

曹操冒险出击刘备的时候，袁绍的另一位谋士田丰建议袁绍立刻动手，从背后乘虚攻击许都。可袁绍不听，还找借口说是小儿子病了（绍辞以子疾，未得行），气得田丰老头直拿拐杖敲地（举杖击地）。

等曹操修理完刘备回军官渡，这时袁绍好像突然睡醒了，他又开始讨论攻击许都。这次田丰却站出来表示反对。田丰说道："当初曹操攻击刘备，许都空虚，我才建议你去乘虚打许都。现在曹操已经打败了刘备，许都已经重新布置防御。火车已经开过站了，你现在才想起来补票上车，早干嘛呢？而且曹操这个人很会用兵，变幻莫测。虽然人不多，我们绝不可掉以轻心（未可轻也）。我们地广人多，本钱比他厚，要和他慢慢耗，打持久战（今不如以久持之）。我建议选些精兵不断袭扰河南，他救左边我们就打右边，他救右边我们就打左边，让他疲于奔命，民不安生，不用三年就能把曹操拖垮。您放着这样安全又必胜的策略不用，想一战决成败玩 show hand，万一输了就亏大了，后悔莫及啊！"

田丰的这席话绝对称得上是老成谋国之言，可惜袁绍觉得自己实力够强，一战绝对能搞定，根本不听（绍不从）。田丰也是个倔脾气，一再强谏，最终把袁绍惹毛了，以影响士气的罪名把田丰结结实实地打了一顿（以为沮众，械击之）。然后他发布公告，历数曹操各项罪名，率领大部队浩浩荡荡杀向黎阳城。

3）不听之三

袁绍自恃人多，率先出击，第一战他就派大将颜良攻击白马城。一听要派颜良，沮授马上跳出来劝道："颜良

非常骁勇，但是心胸狭窄，绝对不适合独挑大梁（良性促狭，不可独任）。"袁绍不听，还是把颜良派了出去。

曹操一听白马城被围，急得就要上马救援。谋士荀攸拉住了他："老板别急，现在敌众我寡，我们的策略是必须要让对方分兵。您先派支小部队渡过黄河到敌后骚扰，袁绍必然分兵救援，然后您再轻兵到白马城杀其不备，定能活捉颜良！"

曹操和袁绍不一样，他还是很听得进建议的（操从之）。袁绍果然中计分兵，曹操集中兵力突袭白马城，以迅雷不及掩耳盗铃之势到达城外十里地。颜良听闻大惊，不得已仓促应战。

关羽那时还在曹操手下效力，曹操派他和张辽出战。关二爷远远望见颜良的战车与麾盖，又看了看敌方的排兵布阵，做了一个大胆的决定。只见他策马奋蹄，单刀直入，一个人直接杀进敌阵。关二爷发了狠，他见人杀人，见鬼杀鬼，无人能挡。还没等颜良看清楚状况，关二爷已经从万军之中杀到眼前，手起刀落砍下了颜良的脑袋（策马刺良于万众之中）。然后他潇洒地挥挥手，没有带走一片云彩，只带走了颜良的脑袋（斩其首而还），留下众多袁绍官兵目瞪口呆地看着他轻轻地走了，实在是酷毙了！白马之围就此解开，首战告捷，曹操迁徙民众渡河往西而去。

4)就是不听

袁绍首战失利,还折了大将,实在胸闷。他准备派主力渡过黄河,追击曹操。这就好像小时候大个子和小个子打架,大个子本来有优势,却被小个子偷袭吃了亏,非要满操场地追人家报仇。沮授劝他不要意气用事,还是把主力留在黄河以北,进可攻退可守。可是袁绍不听(绍不从),非要派主力过河,先头部队一路追到了延津城。

就是不听

说实话,要是真追上了实打实地干,曹操还是很麻烦的。毕竟他是轻兵出击,主力部队还在官渡那边。那时曹操驻扎在延津城南,手上只有六百骑兵。而袁绍的先头部队是大将文丑和冤家刘备,五六千的兵马,差不多是一比十。形势还是有点小严峻的。

曹操是出了名的贼,用兵非常有一套,这估计和小时候调皮捣蛋的性格很有关系。那时他手下人已经慌乱了,准备撒丫子跑路,撤退回大本营。可曹操却命令大家把马鞍解下休息,还把白马城带出来的辎重堆在路上(白马辎重就道)。大家都以为自己耳朵出问题听错了,只有荀攸明白曹操的意图:"这是迷惑敌军的诱饵,怎么能跑呢(此所以饵敌,如何去之)!"曹操回头看看荀攸,意味深长地呵呵一笑(操顾攸而笑):"还是你小子懂我。"

过了一会儿敌军到了,手下将领都不淡定了:"领导,可以上马

跑了吧?""不行（未也）!"又过了一会儿，敌军越聚越多，看到路上的辎重，大家开始抢了起来（或分趣辎重）。这时曹操才说："动手吧（可矣）!"于是所有人上马，快速突击袁绍的前锋部队（遂纵兵击）。袁绍部队顿时大乱，大将文丑也死于乱军之中。刘备跑得快，又捡了一条命。才打了两仗，袁绍手下最出名的两员武将，颜良和文丑，就全都挂了！袁绍军队士气大挫（绍军夺气），曹操用兵实在是1024（一级棒）。

虽然曹操还是人少，但战局已经从袁绍攻势、曹操守势转变成了相持的局面，谁能胜出就取决于谁能在相持中屏得住。

5）还是不听

相持过程中，曹操依照荀攸的计策，袭击袁绍的后勤部队，把袁绍送来的粮草辎重一把火全烧了。这把火烧得袁绍很痛，可人家底子厚，后方马上组织再次运粮。这次袁绍学乖了，把后勤基地放在军营以北四十里的乌巢，而且命大将淳于琼带领上万人的部队重兵护送，这下应该万无一失了吧？沮授还是不放心，建议派遣蒋奇另率一支部队在外围策应，杜绝曹操突袭的可能性（以绝曹操之钞）。

宝宝不听的剧情继续上演，袁绍一如既往地拒绝了沮授的建议

(绍不从)。你别说,沮授的抗击打能力真是强,虽然屡次被拒,而且职权也被不断削减,但他依然还是很忠诚地对待袁绍。然而,不是每个人都像沮授一样识大体顾大局,比如许攸。

许攸是谁?他年轻时曾经是袁绍与曹操共同的朋友,后来成了袁绍的谋士。此人有点见识,但是很贪财,而且做事情路子比较野。他曾向袁绍建议,乘着两军对峙,我方人多,可以偷袭许都,把皇上给抢过来,断了曹操的后路!这个计策真的是狠毒,直接打到曹操的痛处。可是袁绍还是一如既往地拒绝,非要亲手抓住曹操。

许攸的建议没被采纳,本来就已经不爽了,碰巧此时家里人犯了事,被袁绍的亲信审配给抓了起来。本来也不是什么大事,说不定袁绍根本还不知道,好好说说弄不好就立马给放了。可是许攸心胸狭隘,把两件事放在一起一琢磨,他断定袁绍已经不信任自己了,认定袁绍是故意的!这么多年的朋友,在这关键的时候,友谊的小船说翻就翻了。翻了船的许攸决定:投奔曹操去!这个决定就此帮助曹操最后以少胜多,战胜了袁绍,也彻底改变了整个汉末三国的历史。

卓越领导力 /《资治通鉴》中的领导艺术/

雷总小语

　　说实话，写到这里雷总已经无力吐槽了。在整个官渡之战中，袁绍的手下曾经向他提出各种合理化建议N条，可雷总读到的却是N+1次的"绍不从"。但凡他能听进一两条，也不至于后来如此惨败出局，日后呕血而死。**当一位领导者，只迷信于自己的能力与判断，听不进不同的声音时，他就陷入了蜜汁自信的危险之中**。而更危险的是：他的周围没有了不同的声音，只有声调一致的附和或者赞美，没有人敢于跳出来提出不同的观点，或者敢于发声的人都选择了闭口不言或者默默离去。这样的领导者很快就会变成孤家寡人，失败也是在所难免。希望读者们都能从袁绍的故事中吸取经验和教训，做一个虚怀若谷、从谏如流的领导者。

苻 坚
（公元338—385年）

宽仁有余，功名不遂

　　苻坚是前秦第三位国君。公元357年，他诛杀暴君苻生，就此登上了秦王的宝座。苻坚在位期间政治开明，重用能臣王猛、健全法律制度、重视选官用人、推行儒家思想、广修学宫、重视农业、兴修水利，恢复了关中地区的生产经济。在他和王猛这一对君臣CP的努力下，前秦国力蒸蒸日上，先后消灭前燕、前凉，统一了北方大部分地区，与东晋形成南北对峙局面。苻坚性格宽厚，有容人之量，但有罪不罚、过于仁慈，以致养成后患。公元383年，淝水之战大败后，叛乱层出不穷，各部趁机自立。两年之后，苻坚被杀身亡，强大的前秦帝国也逐渐分崩离析。

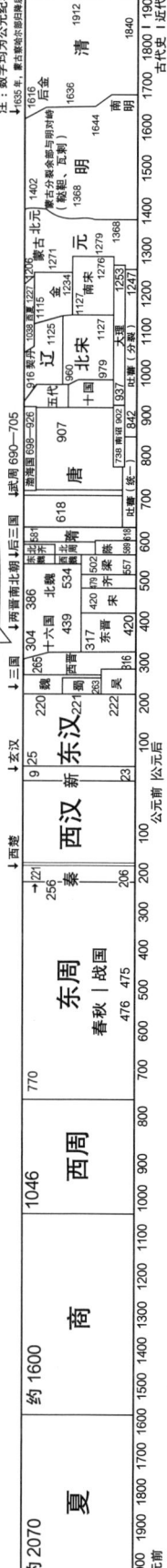

之前介绍了五位领导者的事迹,有四位比较正面(汉文帝刘恒、汉光武帝刘秀、汉末三国孙权和后赵的石勒),一位比较负面(汉末三国袁绍)。而最后要介绍的这一位就要更复杂一些,他既有雄才伟略、治国用人等很多正面的领导素质,为当时民众所敬仰;也有过于仁慈、养虎为患这样惨痛的负面教训,被后世的帝王引以为戒。

他的人生轨迹是个巨大的抛物线:从割据关中开始,他用了二十六年时间励精图治,步步为营,直到建立起一统北方的强大帝国,达到人生巅峰;可惜,他在打算一统江山的关键一战中惨败而归,内部的敌人纷纷竖起反叛的大旗,强大的帝国瞬间四分五裂;不到两年他就身死于逃亡的路上,九年后他曾经强大的帝国也彻底覆亡了。

苻坚履历

他,就是缔造五胡十六国中最强帝国前秦的苻坚。

苻坚是氐族人,生活在五胡十六国与东晋时期(公元338—385年)。这是中国史上最混乱的时期之一。自从令人痛心的永嘉之乱①(公元311年)后,晋朝的权力中心就逐渐转移到了江东,彻底失去了对北方的掌控力。在北方的大地上,各路少数民族纷纷揭竿而起,你方唱罢我登台。

匈奴、羯族、鲜卑族、氐族和羌族等五个主要的少数民族都曾割据一方,建立起自己的帝国。一百多年间前前后后建国的有几十个之多,这其中比较上得了台面的有十六个国家,所以史上把这段时期称为"五胡十六国"。

公元 338—385 年

---

① 永嘉之乱:公元311年,匈奴军队攻陷洛阳,俘获晋怀帝等王公大臣并在洛阳烧杀抢掠的一场乱事。公元316年,西晋灭亡。永嘉之乱之后,北方进入战乱不休的五胡十六国时代,琅琊王司马睿在南方建立了东晋政权。

苻　坚　宽仁有余，功名不遂

五胡之中的氐族最有名的酋长是西晋末年的蒲洪。据说此人很有谋略，大家对他又敬又怕（多谋略，众氐皆畏服）。蒲酋长不仅有谋略，也有野心。他听说有一句谶文写道："草付应王"，于是就把姓改成了苻。"苻"字上面有个草，下面有个付，不正应了谶文可以称王了吗？

公元350年，后赵的石虎去世，中原大乱，曾经是个打工人的苻洪决定自立门户，自称大都督、大将军、三秦王。第二年苻洪被人毒死，他的儿子苻健在长安城

公元351年苻健建立大秦（前秦）

宣布即天王、大单于位，国号大秦（史称前秦）。这时候的苻坚才十三岁，是苻洪的孙子、苻健的侄子。

苻坚第一次在《资治通鉴》里亮相是因为父亲苻雄的去世。公元354年，东海王苻雄去世，十七

公元354年苻坚袭爵

岁的儿子苻坚承袭爵位。光哥（司马光）对苻坚的第一次亮相给予了十六个字的评价"坚性至孝，幼有志度，博学多能，结交英豪"，意思是苻坚非常孝顺，从小就有大志，气度不凡、博学多才、能力出众，喜欢结交天下英雄豪杰。后人还在此后加了个注释"苻坚事始此"，意思是苻坚的演出开始了。

论出身，苻坚本来是没有机会成为前秦帝国的一把手的。苻健去世后，太子苻生（也就是苻坚的堂哥）即位。这位苻生同学非常有特点，因为他只有一只眼睛（生幼无一目）。由于生理的缺陷，苻生心理也有些扭曲，生性狂悖，喜欢杀人。他杀人的手段非常残忍，不断创新，绝不重样，与当年东吴的孙皓有一拼。他即位才没几天，就残杀丞相全家，加上公卿及宫中后妃、侍者，总数超过五百余人。

面对如此残暴的皇帝，作为打工人的公卿百官每天上班就像上坟一样，真是度日如年，生不如死（群臣得保一日，如度十年）。大家实在是受不了了，就有人找到了当时口碑不错的苻坚（东海王坚，素有时誉），希望他能为了大家出头，让兄弟们都过上正常人的生活。苻坚本来还有所犹豫，但恰巧此时苻生也动了杀苻坚的念头，既然如此也就没什么可犹豫了。公元357年，年仅二十岁的苻坚带兵杀入宫中，废黜了二十三岁的堂哥苻生，自己登基成为大秦天王，自此开启了属于他的时代。

公元357年苻坚废黜苻生

苻　坚　宽仁有余，功名不遂

讲真，苻坚上位后的前十八年是极其成功的。他勤俭节约，积极发展第一产业经济（农业），还注重各类人才选拔，提高国家高等教育水平，大力加强法治，反正一个明君该有的操作一个都不少，全都有了。国家在他的治理下，国势蒸蒸日上（秦国大治），人民的幸福感和获得感都很强（秦民大悦）。

凭借着雄厚的国力，苻坚以关中为根据地向西征服了前凉，向北摆平了鲜卑拓跋部的代国，向南击退了东晋的北伐还征服了四川，向东直接灭掉了占据中原的燕国。这一圈东南西北风打下来，苻坚基本上统一了北方。当时十分天下，前秦已经占据了七分，只剩下东南边的东晋勉强支撑。

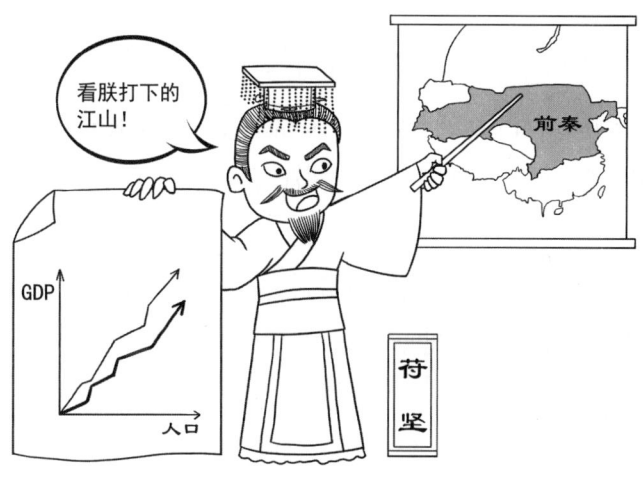

每个成功的男人背后都有另一个男人在运筹帷幄，苻坚成功很重要的一个原因就是他找到了这样一个人。此人无论是谋略、能力还是人品，在中国历史上都是可以比肩张良、霍光、诸葛亮之类的人物，只是名气没有他们大而已（就好像他老板苻坚的名气没有刘邦、汉武帝与刘备大一样）。他就是在历史上以"**扪虱谈天下**"而留名的王猛。

王猛生在北海，自小靠着刻苦读书自学成才，获得了一身的学识和本事。本来他想加盟晋朝，当时"扪虱谈天下"的对象就是东晋的大红人桓温。桓温对他的才能非常赏识，只是到了签 offer（录取协议书）的最后关头，王猛犹豫再三，还是嫌东晋的平台太小，忍痛放弃了。后来他被猎头介绍给了苻坚，苻坚和王猛一见如故，相谈甚欢，就像刘备遇到了诸葛亮一样（自谓如刘玄德之遇诸葛孔明也）。

苻坚拿下苻生上台后，大力重用王猛进行改革，曾经创纪录地一年之内连续五次promote（升职）王猛，直至丞相的位子，权倾朝野，令所有人瞠目结舌。苻坚对王猛特别信任，到了十分夸张的程度。凡是王猛做的事情苻坚几乎是无条件地全力支持，但凡有人敢在苻坚面前说王猛的不是，不管你是氐族贵族还是功勋旧臣，统统拿下，甚至治罪，没有任何商量的余地。

王猛对老板的信任与支持自然是感激不尽。秉着自己的成功就是老板的成功这一理念，他上任后就往死里干，全年无休每天都按照Seven Eleven（7/11）便利店时间连轴转。苻坚与王猛君臣之间互相信任支持，上面所述苻坚的主要成就几乎都是在王猛的领导下获得的，正如史书上记载："苻坚、王猛君臣相与之至，猛得展其才。"

取得巨大成就的代价是王猛的积劳成疾。公元375年六月，五十岁的王猛病倒了。不到一个月的时间，病情急剧恶化，到了无可挽回的地步。临终前，忧国忧民的王猛给苻坚留下了两个建议：第一不要去讨伐东晋，因为人家是华夏的正统；第二要铲除已经投降的鲜卑和羌族势力，因为他们才是秦国的大患。

苻　坚　宽仁有余，功名不遂

然而，苻坚很快就忘记了王猛的遗言。此后的八年间，他做的最重要的几件事情就是不顾天象的预示以及大臣们的劝告，一再宽纵已经灭国的燕国慕容皇族，甚至给予他们官职与爵位，养虎为患；另一件就是精心准备，打算举全国之力讨伐东晋，一举统一天下。

公元383年是历史的一个重要转折时间点。那一年苻坚不顾群臣反对，亲率八十几万大军讨伐东晋，在淝水之战中被东晋谢安、谢玄指挥的不到十万人马以少胜多，大败而回，几乎全军覆没。

惨败后的苻坚逃回长安城，还没喘口气就听到了燕国旧将慕容垂在河北邺城反叛复国的消息；原先臣服的各地少数民族小朋

友也纷纷揭竿而起；他曾经的宠臣慕容冲更是率领叛军杀到了长安城下，要为曾经受到的屈辱而雪耻复仇。往日强盛的前秦帝国顿时陷入了四分五裂的局面。

此时的苻坚为自己没有听取王猛的遗言感到万分的悔恨，但是已经无力回天了。在拼死抵抗了一年多后，苻坚逃离了长安城，前往五将山。在那里，他被曾经的手下、羌族首领姚苌俘虏，最终被绞杀在新平城，时年四十八岁。苻坚一生仁义宽厚，为秦国军民所爱戴，听说了他的死讯，就连姚苌的手下都为之痛哭流涕。下面我们来分析一下苻坚的所作所为，总结一些他的经验教训。

前车之鉴二：敏于德义，失之宽纵

纵览苻坚大起大伏的一生，不禁令人感慨万千，扼腕叹息。他少有大志，博学多能，是氐族苻氏皇族中的龙凤之才。二十岁时，他在众人的期盼中推翻了暴戾的苻生，成功上位，成为前秦帝国新的领袖。上位后，他力排众议，大胆重用有丞相之才的王猛，内修国政，外拓疆土，二十多年间就荡平各路势力，统一了北方。前秦帝国成为五胡十六国时期最强盛的帝国，苻坚也达到了人生的巅峰。可惜王猛积劳成疾去世太早，苻坚没有听从他的遗言，在人生巅峰的时候犯了两个致命的错误：对内没有铲除已经亡国的燕国鲜卑皇族势力，对外倾全国之力征讨江东的晋朝。公元383年，淝水一战苻坚惨败，元气大伤。不久之后帝国就分崩离析，慕容垂复国成功，慕容冲攻打长安。苻坚英雄末路，在逃亡的路上为手下姚苌所杀害。

很多人都认为苻坚对于燕国的慕容家族过于仁慈，养虎为患，是他失败的主要原因。但是司马光不这么看。他借用春秋战国时期魏国评论吴国失败的话来总结苻坚的失败，就四个字："数战数胜。"

大家可能奇怪，"数战数胜"不是好事情吗？其实不然。"数战"意味着穷兵黩武，百姓苦不堪言（数战则民疲）；"数胜"会带来骄傲自满，被胜利冲昏了头脑（数胜则主骄）。一个骄傲的领导指挥着苦不堪言的百姓，怎么会不败亡呢（以骄主而御疲民，未有不亡者也）？

《资治通鉴》之所以成为后世领导治国理政的重要参考读物，正是在于司马光对国家兴衰有这样深刻而到位的理解与解读。

接下来，雷总就和大家分享苻坚的故事，来细细品读他作为领导者的成功经验与失败教训。

1. 君臣相得，各展其志

（《资治通鉴》九十九～一百二卷，晋纪二十一～二十四）

人们常说一个成功的男人身后都有一个成功的女人，而雷总觉得历史上成功的男人背后都有另一个成功的男人，这个人就是我们通常说的二把手（或者二当家）。

领导者选择什么样的二把手很重要，一般来说领导者负责战略愿景与大方向，而二把手负责具体战略部署与落地实施。一个看大局方向，一个重部署落实，关键是双方要互相信任，配合默契，这样才能各展所长，相得益彰。这样的CP组合非常难得，实在是可遇而不可求，一旦遇见牵手成功就能创造出惊人的成就，就像秦始皇与李斯、刘邦与张良、刘备与诸葛亮。苻坚与王猛也可算是史上成功的一对君臣CP典范。

成功典范

王猛是个奇人，在历史上第一次出场就不同凡响。王猛来自北海，少年时就非常好学，博览群书，气度偶傥，胸怀治国平天下的大志，不屑于做一些鸡毛蒜皮的具体事务，很多不理解的人都有点看不起他（北海王猛，少好学，偶傥有大志，不屑细务，人皆轻之）。但是王猛心理素质很强大，根本不在乎旁人的看法，每天怡然自得，隐居在华阴山下，等待着机会，找寻自己的伯乐。

他看中的第一个人不是苻坚，而是东晋帝国的第一红人桓温。公元354年，桓温第一次北伐，率领大军打进关中，准备灭了前秦。王猛当即出山去见桓温，参加了一场别开生面的招工面试。面对这位权势倾国的权臣面试官，王猛非常淡定。他侃侃而谈天下大势，一边谈一边旁若无人地从衣服里捉虱子。边上的侍从都惊呆了，连见惯了世

面的桓温也觉得此人不凡（温异之），谈完之后当即就给了他一个参谋的位子（乃署猛军谋祭酒）。

后来桓温与苻坚的老爸苻雄大战一场，失败后准备撤退，临走前给了王猛一个高官督护的 offer（用工合同），准备带他一起回荆州。一般而言，作为荆州的最高指挥官，下面都会设置几个督护的副手位子，相当于现在的集团副总裁。而高官督护在督护前面加了"高官"的特定形容词，比一般的督护级别更高，相当于高级副总裁，等于是桓温在荆州的左右手了。面对这份诱人的 offer，王猛思虑再三，最终还是拒绝了桓温（猛辞不就）。与桓温相处了一段时间后，王猛还是觉得东晋的舞台太小，容不下他的志向。他决定再等一等，等一个值得他付出毕生所学的人。

三年后（公元 357 年），他终于等到了这个人。当时残暴的苻生在位，前秦帝国人人自危，继承了父亲爵位的东海王苻坚成为大家心中的希望。不少人劝他赶紧上位，解救百官于水火之中。犹豫不决的苻坚前去咨询尚书吕婆楼。吕尚书不仅是朝廷的高官，私底下还做些猎头的私活，广泛接触各类人才，比如王猛。吕猎头借着这个机会把王猛推荐给了苻坚，两个人一见如故，对很多时事的观点非常一致（坚因婆楼以招猛，一见如旧友，语及时事）。苻坚非常开心，感觉就像刘备找到了诸葛亮一样（坚大悦，自谓如刘玄德之遇诸葛孔明也）。

于是在吕猎头的介绍下，苻坚与王猛正式牵手成功。那一年苻坚是个才20岁的小鲜肉，王猛稍微成熟些，也就33岁。两个年轻人决意携手带领弱小的前秦帝国一起走向辉煌。

苻坚和王猛牵手后不久，就率兵杀入宫中，逮捕了人神共愤的苻生，自称大秦天王，以王猛为中书侍郎。中书侍郎相当于苻坚的贴身秘书，参与重要决策，但并不是个管事情的实职。苻坚深知王猛的能力，让他做个幕僚只是权宜之计。不久后的一天，苻坚没事晃到国务院秘书处突击检查工作，发现文案工作一塌糊涂，气得当即免了秘书长的乌纱帽，让王猛上位成为新一任的国务院秘书长（秦王坚行至尚书，以文案不治，免左丞程卓官，以王猛代之）。

王秘书长读了这么多年书，文韬武略，一出手就不同凡响。他协助苻坚选举有能力的官员，裁撤冗员，狠抓农业，精准扶贫，建立学校，注重礼仪，同时还重视与各方神灵的沟通交流（祭祀），确保国家的长治久安（坚举异才，修废职，课农桑，恤困穷，礼百神，立学校，旌节仪，继绝世）。

当时前秦与燕国、东晋相比实力弱小，大家还在为生存而焦虑，但是王猛却眼光长远，按照大国、强国的要求来治理国家。这一套操作高举高打，令人耳目一新，效果出奇地好，得到了老百姓的大力拥护。史载"秦民大悦"。

老百姓虽然很高兴，但是有些人却很生气。秦国政事在苻生时期荒废了很久，很多人都在混日子，特别是那些靠着宗族关系坐上高官位子的氏族宗亲。王猛新官上任，事事都亲力亲为，每天都逼着大家卖力干活，得罪了很多氏族的皇亲国戚（王猛日亲幸用事，宗亲勋旧多疾之），比如姑臧侯樊世。

樊家是氏族的豪门，曾经辅佐秦王苻健打下了关中，樊世也自以为是打江山的老一辈革命家，很看不惯王猛不劳而获，享受革命成功的果实。他很不客气地对王猛说："我们辛辛苦苦耕地，种下的粮食，就被你小子给吃了（吾辈耕地，君食之邪）？"王猛也很生猛，回怼道："我不仅要让你耕地，还要你把饭给我烧好咯（非徒使君耕之，又将使君炊之）！"

王猛这样不尊重老同志的态度令樊老大怒："好啊王猛，你小子给我等着！要不把你的头挂在长安城头，我就不活了！（要当悬汝头于长安城门，不然，吾不处世！）"

老樊同志的确没有活多久。听说了这

件事情后，苻坚决定要杀鸡儆猴，整肃一下老干部队伍，也表明自己对王猛坚定不移的支持态度（必杀此老氐，然后百寮可肃）。几天之后老樊上朝奏事，和王猛在朝堂上争执了起来，情绪失控的老樊起身准备狠狠揍王猛一顿。苻坚大怒，令人拿下老樊，拉出去当场就咔嚓了！从此以后，百官看到王猛吓得连大气都不敢出（于是群臣见猛皆屏息）。

为了支持王猛，苻坚不仅敢杀皇亲，也敢动国戚。当时长安城中治安混乱，法治不行，苻坚就让王猛以国务院秘书长的身份兼任长安市市长（京兆尹），对首都的治安问题实行集中治理整顿。

光禄大夫强德是太后的弟弟，此人非常豪横，经常酗酒肇事，还抢人钱财子女，是当时长安城中一大恶霸，无人敢惹。

有一次王市长坐车在城中视察工作，看到强德当街行凶闹事，立刻下车将其逮捕，并在市中心当场法办砍头！这种霹雳手段实在太过神速，苻坚听说消息后快马加鞭派人去刀下抢人，还是迟到了一步，强德已经"陈尸于市"。

王市长再接再厉，集中处理了一批恶性治安案件，对涉案人员无所顾忌，不管你是什么爵位、官位、后台，一旦定罪，一概依法严厉惩治。短短几个月时

间，二十几个涉案的权贵或被杀或被判刑，震动了整个朝廷（朝廷震栗）。不管是豪横的权贵、有背景的黑社会还是奸猾小人全都被治得服服帖帖，长安城中法治严明，"路不拾遗"。面对这种只在历史教科书上才见到的情景，苻坚也由衷地感叹：我今天才知道天下是有法治的（吾始今知天下有法也）！

由于王市长政绩卓然，苻坚又升他为吏部尚书，后来又升为侍中、中书令，再后来又兼任了太子詹事、左仆射。公元359年，三十六岁的王猛被升职了五次（岁中五迁），权倾内外。但凡有人敢说他的不是，苻坚就会治罪于人，从此群臣再也没有人敢反对王猛了（于是群臣莫敢复言）。

得到苻坚充分信任的王猛知恩图报，对内厘清政治，对外开疆拓土，秦国的实力由此蒸蒸日上。

公元371年，王猛率军灭了燕国之后，苻坚将燕国中原六个州的管理重任交付给了当时的车骑大将军王猛。王猛觉得责任重大，自己的权力也太大，他诚惶诚恐地请求苻坚减少他的权力，改授其他有贤德的人才，自己只负责一个州。苻坚也诚恳地回信道："我们两个人，于公是君臣关系，于私则是超越了骨肉亲情的关系。古有齐桓公和管仲、燕昭王与乐毅、刘备和孔明这样的明君贤臣CP组合，我觉得我们的组合比他们更强。作为人主，精力主要是放在求才，得到了人才就要放手让他们去干，这样人主才能垂手而治自得安逸（人主劳于求才，逸于得人）。既然把中原六个州交给了你，你就给我好好治理，好好干。得江山易，守江山难，如果我选错了人，出了差错，我有责任，你也逃不了。你没有明白我的心意，太让我失望了（卿未照朕心，殊乖素望）。中原刚刚平定，需要迅速选拔人才来实施新政，这么重要的事情我只放心交给你来干。等到中原治理得和关中一样了，你就可以载誉而归了。"

老板话已经说到这个份儿上了，王猛也没得可说了。士为知己者死，王猛只有撸起袖子豁出命去干了（猛乃视事如故）。

公元 372 年，苻坚正式任命王猛为丞相、中书监、尚书令、太子太傅、司隶校尉、常侍、持节，加都督中外诸军事。基本上党政军一把抓，外加太子的师父，能给的位子和荣誉都给了。王猛上疏再三，感谢组织的信任，但是坚决辞让，不肯接受。苻坚也不肯接受，他说了一句令王猛完全无法推辞的话：朕才初步一统天下，丞相这个位子除了你我没有可以委任的人；你不可以推辞丞相这个位子，就像朕不能推辞天下一样（卿之不得辞丞相，犹朕不得辞天下也）。

苻坚与王猛这对君臣，惺惺相惜，配合默契，互相信任，互相支持。史载：王猛做丞相，苻坚端坐拱手于朝堂之上，百官听命效力于殿堂之下，军国内外大事，全由王猛来决策。王猛刚正严明，清廉整肃，善恶分明；他罢黜尸位素餐的官员，提拔受到压抑的人才；大力发展农业，加强军队训练；官员量才而用，刑罚量罪公正。秦国在他的治理下国富兵强，战无不胜。司马光用了四个字高度评价了苻坚王猛君臣的施政结果："**秦国大治**。"

秦国国势强盛的背后是王猛夜以继日呕心沥血的高强度工作。公元 375 年，王猛积劳成疾，病重而卒，终年五十一岁。苻坚心痛不已，三次临丧痛哭，依照汉朝霍光的礼仪安葬王猛。王猛死后，苻坚不仅少了一位得力的左右手，也少了一位有智慧的谋士。自此，秦国与苻坚越过了巅峰，开始走上下坡路，直至十年后国破身亡。

苻　坚　宽仁有余，功名不遂

雷总小语

关于人才的选用我们曾经在刘秀和孙权的故事里讲过，这两位也是知人善任的典范，都是会识人、会用人、也会激励人。在苻坚和王猛的案例中，雷总读到了不一样的用人智慧。

苻坚上位成为秦国一把手的时候，秦国国力孱弱，百废待兴，哪里都可以做点事，哪里都可以做出点成绩。但是苻坚非常清楚，作为一把手，他的首要职责不是马上撸起袖子理政治国，而是为国求才。求来的人才不仅要有才华，还必须和自己治国为人的价值观一致。**只有价值观一致，君臣之间才有基本的信任，沟通才能顺畅无碍**，辅以办事的才能，政事自然就能顺利展开。

然而能办事的人才易得，和自己价值观一致的人才却罕有，这需要付出大量的时间和精力去甄别遴选。史书上只是简单地写到苻坚和王猛一见如故、相谈甚欢，看似轻而易举，但是史书却没有写到苻坚之前花费多少精力，阅历过多少人物，才有我们看到得来全不费工夫的"一见如旧友"。

很多人才都是蛮有个性的：要么说话比较尖锐，甚至刻薄，容易得罪人；要么做事情有板有眼，眼里不揉沙子。王猛就是典型的例子。他对氐族的权贵出言不逊，对太后的弟弟先斩后奏，干起事情风风火火，上位之初就得罪了一大帮朝中权贵，这也给苻坚带来了很大的压力。但是苻坚用人不疑，他顶住方方面面的压力，对王猛的所作所为无条件支持，该杀的就杀，该骂的就骂，树立了王猛的绝对权威。因为他深知，王猛的治国理念和自己完全一致，王猛能够将秦国建成一流的强国；同时他也丝毫不担心支持王猛会削弱他的权威，恰恰相反，王猛的成功就是他苻坚的成功。苻坚对王猛的绝对支持也给予了王猛极大的激励与自我驱动，使得他得以一展所长，为自己也为苻坚建立了令人瞩目的功勋成就。

正如苻坚在给王猛的信中写道："**人主劳于求才，逸于得人。**"领导要在求对的人方面多花功夫，而在得到对的人之后，要懂得放手退到幕后默默支持，拱手而治。这才是用人的最高境界。

2. 做正确但是困难的事情

（《资治通鉴》一百一～一百三卷，晋纪二十三～二十五）

扫码读原著

晋纪二十三～二十五

以上讲的是苻坚信任王猛，君臣齐心，秦国大治。其实那段时间，苻坚也并不是完全不管事情，具体的事务王猛都操办了，苻坚关注的是国家长治久安的大事情。这些事情是正确的事情，但是做起来很难，有时候见效也不一定快。

公元 358 年，秦国大旱，粮食减产严重，有发生大饥荒的风险。为了应对灾害，苻坚从自己做起，规定减少宫中用膳，撤掉了用膳时的 BGM（背景音乐）演奏，还规定皇后妃子以下都要厉行节约，不许穿着丝绸之类的衣物。

以上这些还只是面子工程，为了防灾抗灾，苻坚还命令开山引水，得到的利益由国家和个人共同分享。所有重大工程、军事行动全部停摆，减少消耗。苻坚君臣的共同努力感动了上苍，一场大旱可能引起的大饥荒风险化解了，秦国安然无恙（秦大旱，坚减膳撤乐，命后妃以下悉去罗纨;开山泽之利,公私共之;息兵养民;旱不为灾)。

除了抗灾防灾,**人才的选拔也是关乎国家兴亡的大事情**。公元361年,苻坚命令各地官员为国家举荐人才,举荐的标准有四项:孝顺父母、人品正直、文学水平、政务能力(秦王坚命牧伯守宰各举孝悌、廉直、文学、政事)。

在隋唐科举制度推行之前,人才的选拔主要就是通过两条途径:一条是地方官员根据个人的人品、才能与名望向上级举荐(比如著名的举孝廉①);另一条就是依靠豪门家族的地位与影响以及自己的名声获得官位(比如魏晋时期的士族,著名的有王家与谢家)。由于缺乏可以量化的考核标准,这两条途径都免不了出现任人唯亲、所荐非人,甚至通过贪污受贿上位的情况。为了避免出现这一弊端,苻坚定下了新的游戏规则:被举荐的人才要经过考试才能上岗,上岗后要定期考核业绩;考核结果突出的,举荐人会得到奖赏,而考核结果不好的,举荐人将会获罪。

有了这个游戏规则,大家就不敢随便举荐人了,走关系请托、送礼送钱也都不管用了。有才能的人看到了奔头,都跃跃欲试,发奋自励;而没才能的人,即使是皇亲国戚,也都弃之不用(由是人不敢妄

---

① 举孝廉:汉朝一种自下向上推选人才做官的制度,始于汉武帝元光元年。"孝"是孝敬父母,"廉"是清廉勤政,孝子廉吏,是古时对官吏的普遍要求。

举,而请托不行,士皆自励,虽宗室外戚,无才能者皆弃之不用)。

新规则的实行效果也是显著的。当时的秦国,不管是长安城宫廷内外还是地方的各级官员,都非常称职(内外之官,率皆称职)。有了这样能干的公务员队伍,国家经济发展,财政收入上升,治安大幅改善(田畴修辟,仓库充实,盗贼屏息)。秦国的大治有了扎实的用人制度保障。

整完了用人制度,接下来就是教育体系。所谓十年栽树,百年育人。教育下一代是国家的大事,但是见效所需时间却很长。苻坚和王猛商量后,决定亲自抓教育这一块工作。公元362年五月的一天,苻坚亲自到国家最高学府太学视察工作,在那里他慰问了辛苦教学的老师们,考了学生几个关于儒家经义的问题,还与校领导一起探讨了教学问题(秦王坚亲临太学,考第诸生经义,与博士讲论)。国家最高领导人亲自抓教育工作,让师生们都深受鼓舞。自此之后,苻坚每个月都会来太学视察一次(自是,每月一至焉)。

魏晋时期老庄玄学盛行,社会风气非常浮华,人人都注重享受当下,流行清谈,却不务实操。苻坚深知这种价值观只适合小众文人,不利于国家的长治久安,还是儒教学说更加讲究社会秩序和努力进取的正能量,更加适合作为主流的价值观在国家层面推广。**苻坚下定决**

心要建设秦国的价值观体系。

公元375年,苻坚下诏,增崇儒教,禁绝老庄学说,特别是与道家学说紧密相连的图谶算命的流派。为了确保领导的指示能够贯彻到位,太子及公侯百官的孩子全都要上学读儒家的书,军队一定级别以上的军官也要学习儒家学说。连后宫的宦官和宫女也要学儒家,平均每二十人分配给一位经生负责教学;聪明的宦官和宫女还会被选拔出来定期到太学接受高等教育,回来后在后宫中组织课后的兴趣学习班。落实的措施可以说是非常细致到位。

对敢于犯禁学习老庄图谶算命的,诏书的最后还跟了一句:"犯者弃市。"你看老庄的学说、读算命的图谶之说,没有问题,代价就是杀头(弃市),你自己掂量吧。后来尚书郎王佩犯禁读谶书,被抓了反面典型,付出了生命的代价,苻坚想都没想就把王尚书给咔嚓了。自此以后,谁都不敢碰图谶的书了(学谶者遂绝)。

公元375年　禁道家学派

除了要求内外百官与高级将领学习儒教,普通的百姓也要加强素质教育,当然要求可以稍微放低一点。苻坚下诏:关东的百姓只要学通四书五经中的一部,或者有一技之才能,当地官员必须要送上礼物表示奖励(关东之民学通一经、才成一艺者,在所以礼送之)。与往常一样,为了确保政策落实到位,奖惩必须分明。不过这个惩罚不是给到百姓,而是给到官员。在同一封诏书中,苻坚还要求:"级别在百石以上的官员(即年薪在一百石粟米以上的官员,相当于科级干部)如果学不通一部儒家经典或者没有一技之才能,就地罢官为民(在官百石以上,学不通一经、才不成一艺者,罢遣还民)!"

读到这里,不得不说苻坚的为政水平还是很高的。他不但高屋建瓴,积极推动务虚的国家战略,而且又能从小处着手,落地到非常可操作的层面,同时还能奖惩分明,预防操作中可能出现的各种形式主义和猫腻手段。

如此一位明君,每天和王猛这对CP熬夜苦干,朝乾夕惕,做了很多正确的事情,一步步将前秦帝国建设成当时的一流强国。在五胡乱华这段黑暗的历史时期,苻坚治下的秦国如此卓尔不群,绝对是一段非常励志,也非常鼓舞人心的历史。

治理国家与管理企业有不少共同点。比如治国讲究的是长治久安,而不只是一时的开疆拓土、GDP增长;管理企业不仅需要每个财年交出漂亮的业绩数字,也需要确保企业的增长是有利润且可持续的。所以领导者不仅要关注短期出成果的项目与举措,更需要将目光专注于提升组织长期竞争能力的基础工作上。这些工作都是正确的事情，但通常都很难做，见效时间也很长。如何做正确但是困难的事情，苻坚是一个很好的范例。

在上面的故事中，苻坚选择了三件事情亲自主抓：**人才选拔、教育推广以及价值观建设**。苻坚的选择体现了他的眼光，因为这三件事情每一样都很重要，但每一样都很难做。最大的难点就在于如何将比较务虚的事情落到实处，用一套理念与方法将战略思想转化成可操作的措施，真正在基层得到贯彻与执行。

关于人才选拔，苻坚曾经有过一段言论，体现了他选拔人才的理念："**治本在得人，得人在审举，审举在核真，未有官得其人而国家不治者也**"。翻译成白话文的意思就是：治理国家的根本在于选对人才，选对的人才的关键在于考核举荐的候选人并且事后要跟进考核实际业绩，要避免货不对板。只要官员选拔做好了，国家不可能治理不好。建立了这样的理念，苻坚在选拔人才时不仅要大家推荐，还引进考试制度，录用后还要定期考核业绩，考核不达标的不仅官位会被撸掉，连推荐人都会被问责。这样一套选人用人机制的制定，既延续了大家喜闻乐见的传统做法，又避免了宗室贵戚任人唯亲的操作弊端，还给予了背景一般的士子出人头地的机会。各方利益都平衡得很巧妙，大家都服气，也都嗨皮。

苻坚非常重视领导的带头示范效应，并抓细节的落实。在应对旱灾时，他首先以身作则，主动裁撤各项不需要的开支费用，然后要求皇后妃子也都厉行节约以做表率，最后在国家层面停摆各项劳民伤财的重大工程，并且想办法开山引水。虽然历史的记载只是短短几行字，但却凸显了苻坚应对突发灾害情况的水平。推广儒家教育的政策也是如此，苻坚不只是在诏书上说说而已，而是认真细致地规定了王公、百官、军队各个级别人员的具体落实政策，甚至连后宫的宦官和宫女都被组织起来参加学习和课后兴趣班。这些细节被《资治通鉴》完整地记录下来，后人读来实在是叹为观止。

除了有想法、做示范、抓细节，苻坚也深通人性，制定了清晰的奖罚措施。对不负责任的推荐人要追责，对不学无术的官员就地免职，对胆敢以身试法学习图谶之说的官员就地正法；与此同时，对举荐有功的人员要奖赏，对努力学习儒家经艺的老百姓送礼奖励。干好了有奖，干不好有罚，弄不好还要砍脑袋。这一套奖惩措施的组合拳打下来，国家的政策怎能不落地呢？

雷总精读《资治通鉴》数年，论为政的细致与认真程度，苻坚绝对是排名第一。连光哥（司马光）在写完苻坚推广教育的具体措施后也忍不住评论道："苻坚为政的水平这么高，最后还不能善终，更何况不如他的那些帝王啊（**苻坚之政如此而犹不能终，况不及苻坚者乎**）！"

3. 为人宽纵，养虎为患

（《资治通鉴》一百二～一百五卷，晋纪二十四～二十七）

苻坚的施政水平很高，但是最后却没有善终，最重要的一个原因就是他没有听从王猛的遗言，对燕国的旧臣太过宽纵。

王猛逝世之前，曾经撑着最后一口气语重心长地对苻坚说道："战国名将乐毅曾对燕昭王说过'**夫善作者不必善成，善始者不必善终**'。所以历代有智慧的帝王都知道功业不易，每天都战战兢兢，如履薄冰。如今晋朝虽然僻居江南，但毕竟是继承正朔，上下安和，我死之后希望陛下千万不要谋取晋朝；相反，内部的鲜卑、羌族却是我们的仇敌，目前虽然暂时

臣服于大秦，但日后终将为患，希望陛下一定要逐步铲除这些势力。这两件事情处理好了，我大秦的社稷就安稳了。"说完这些话，王猛就咽了气（言终而卒）。

所谓人之将死其言也善。后来的历史证明，王猛临终前的遗言完全正确（后卒如猛言）。苻坚正是在这两件事情上没有听从王猛的建议，对内宽纵燕国旧臣，对外倾国讨伐晋朝，最终导致了雪崩式的失败。而这其中，苻坚对待被他灭国的燕国慕容氏贵族过于宽容这一点，尤其是日后大家批评他的重点。此后所有帝王也都吸取了苻坚的惨痛教训，对被灭国家的皇族绝不心慈手软。

讲起鲜卑的慕容氏，也算是历史上一个传奇的豪门家族。雷总第一次知道"慕容"这个复姓还是读金庸大侠的《天龙八部》，觉得是个好特别的姓。《资治通鉴》里第一次纪录"慕容"的文字是这样写的："初，鲜卑莫护跋始自塞外入居辽西棘城之北，号曰慕容部。"

慕容部的祖先是鲜卑人，这个是没有问题的；但问题是他们迁到辽西的时候还叫"莫护跋"，什么时候改叫"慕容"？为啥叫"慕容"呢？谣言有两种说法。

第一种说法来自帽子。莫护跋部落刚迁来辽西的时候还是草原游牧民族的 style（风格），衣着品位比较粗犷也比较 low。辽西、河北一带地方已经汉化很久了，文明程度比较高，当时最 in 的流行时尚是戴一种叫"步摇冠"的帽子。具体啥样现在也无法考证了，反正当时莫护跋的朋友们就是觉得好赞，好有品位，大家纷纷把头发扎起来戴上了这款"步摇冠"像汪峰唱歌一样一起摇摆了起来。附近迁徙来的其他部落看他们的样子有趣，就叫他们部落"步摇"。后来叫着叫着音就咬得不太准，传成了"慕容"（其后音讹，遂为慕容）。第二种说法比较文绉绉。号称莫护跋部"慕二仪之德，继三光之容"，因此以慕容为姓氏。不过根据元朝历史学家胡三省（著名的《资治通鉴》注释版本专家）的分析，第一种说法是忽悠，第二种说法是日后慕容氏建立燕帝国后汉族文人给编的，都不可信。大家就当野史看看乐一下算了，千万别当真。

话说莫护跋部落迁徙到辽西后，默默无闻地传了三代人，到了第四代终于来了一位牛人，他的名字叫慕容廆（wěi）。据说此人身材魁梧，颜值很高，雄才大略（廆幼而魁岸，美姿貌，身长八尺，雄杰有大

公元 317 年

度)。当时北方正值西晋末年,战乱频繁,很多有名望的士民都去投靠政治比较清明的慕容部,希望能够找到一个安身立命的地方。公元317年,刚刚在建康称帝的司马睿正式封慕容廆为辽东都督,几年后又封他为辽东公。自此,慕容氏算是在朝廷和历史上有了正式的名分。

慕容廆挂了之后,儿子慕容皝(huǎng)接任。几年的工夫,慕容氏就先后战胜了鲜卑族另两个强大的部落(段氏和宇文氏),成为长城以北最强大的国家。公元337年,慕容皝正式称燕王,建立起了燕帝国(史称前燕)。慕容皝之后就传到了帅哥慕容儁(jùn),年轻的慕容帅哥乘着后赵石虎去世中原大乱,看准机会率军越过长城。经过一番苦战,击败了一代战神冉闵。公元352年十二月,燕王慕容儁官宣即皇帝位,慕容氏的燕国就此成了中原大地新的主人。

慕容氏人才辈出,老燕王慕容皝有二十多个儿子,其中至少有四个都可称得上是人中龙凤:次子慕容儁又帅又有韬略,成为前燕的皇帝;四子慕容恪有霍光风范,在慕容儁死后成为燕国的定海神针;五子慕容垂(原名慕容霸)文韬武略,后来创造了燕国复国的奇迹,也是后燕的创立者;十六子慕容德博览群书性格清高,日后自立门户成了南燕的皇帝。换句话说慕容皝四个儿子有三个都称帝,分别建立了前燕、后燕和南燕;再加上慕容儁儿子慕容

泓与慕容冲短命的西燕，慕容氏一个家族在五胡十六国的历史上居然前后成立了四个帝国，都够凑成一桌麻将了。能有如此成就的家族在中国历史上也是屈指可数的。

人才辈出固然是好事，另一个负面效应就是大家谁都不服谁，慕容家族一直内斗不停，也是导致前燕国祚不长的一个主要原因。慕容儁本人就很嫉妒弟弟慕容霸的才能，命其改名为慕容䴏（嘲笑他坠马掉了门牙），后来改为慕容垂。慕容儁死后传位给儿子慕容暐，由他四弟慕容恪帮助辅政。慕容恪去世后，慕容暐接过老爸的衣钵接着欺负叔叔慕容垂。明明慕容垂打败了晋朝的北伐，保护了国家，却被人陷害不得已出逃到秦国。没有了贤德的大臣，燕国在奸佞的把持下迅速衰败，公元 370 年被王猛灭了国。

苻坚对燕国皇族与百官的处置一直都是很人性的。燕国灭国之前，慕容垂走投无路前来投靠，苻坚就对他以礼相待。那时候王猛还在世，他深知慕容垂雄才大略，担心将来成为秦国的祸患，很早就建议苻坚尽早除掉此人。但是苻坚不听，还封他为冠军将军、宾都侯，食邑华阴五百户，算是非常慷慨了。

灭燕的当年，他迁燕旧主慕容暐以及后妃、王公、百官及鲜卑四万多户人家到长安。这些人到了长安后，他立即封慕容暐为新兴侯，其他王公贵族也都给了不错的实职位子，比如燕国原来的政治局

常委（三公）慕容评做了给事中，皇甫真做了奉车都尉，李洪成了驸马都尉。慕容儁的弟弟慕容德还做了张掖太守，成为镇守一方的大员。说实话，苻坚真的是非常仁慈，对于燕国的王公贵族他不是给一些虚名供养起来，或是软禁起来，而是真心实意地给出了良心价。

苻坚对燕国的奸臣也是非常心慈手软。三公之一的慕容评，在燕国后期独霸朝政，做尽坏事，是前燕亡国的罪魁祸首。慕容垂就是因为受到了他的排挤，才不得已出走秦国的。慕容垂曾经非常诚恳地对苻坚说道："我的叔叔慕容评就像是商纣的奸臣恶来，陛下不应该重用他来玷污圣朝，恳请您为了燕国除此恶贼！"

然而，心慈手软的苻坚竟然将慕容评外放到燕国旧地范阳做太守，不仅如此，他还将燕国以前很多慕容氏的王爷放到边境（燕之诸王悉补边境）！这个操作在雷总看来就不只是仁慈了，而是善恶不分，甚至有自寻死路的味道了。后来的事实证明，这些人日后都成了鲜卑乘乱攻击秦国的重要力量（为后鲜卑乘乱攻秦张本）。

雷总相信苻坚的出发点绝对是好的。他希望以自己的仁慈来感化燕国的旧臣，为自己日后一统天下立个道德标杆。可惜"我本将心向明月，奈何明月照沟渠"，他没有看透鲜卑人对亡国之恨没齿难忘。慕容家族的人不肯久居人下，狼子野心的他们是根本不会吃苻坚这一套的（燕人阴有复仇之志，非久下人者）。

燕人复国的心思太过强烈，连上天都感受到了他们的能量场。公元373年（就是淝水之战前十年），秦国上空出现了非常罕见的星象：

有一颗彗星出于尾箕,长十余丈,经太微,扫东井,自四月开始,直至秋冬一直不灭。

这个星象有点像算卦,不同的星代表不同的含义,需要有人结合实际的情况来做解释。这里面尾、箕星是两个星座,其中尾星有九颗星星,箕星有四个星星,对应人间的幽州(如今的河北北部及辽东地区),也就是燕国崛起的地方;而东、井八颗星对应的是秦州和雍州(如今的陕西),也就是秦国的大本营。如今一颗彗星从燕国的地盘出来,扫过秦国的大本营,这是什么意思?!

秦太史令张孟作为相关部门的最高负责人看到如此星象,非常紧张。他运用自己的专业知识并结合朝堂上的实际情况,对苻坚说出了史上著名的预言:"陛下,十年之后,燕当灭秦!慕容暐父子兄弟都是我们的仇敌,如今布列朝廷,镇守边境,臣实在是担忧啊。请陛下尽快剪除燕国势力,以消天变!"

阳平公苻融也借着星象劝苻坚:"这些鲜卑人本来就是狼子野心,陛下您不仅亲近而且重用慕容氏,让他们家族父兄子弟在朝中担任各种重要官职,如今星象显示有变,陛下您要千万留意啊!"

但是苻坚不听。他答道:"朕才初步统一北方,视不同的部族都像赤子一样,要做好统一工作。只有修德才能避灾,如果能够内求于己,何必担心外患呢?你就不要瞎担心了。"写到这里,光哥(司马光)忍不住出来冒了个泡:"苻坚养虎自遗患,为悔不用融言张本。"

公元384年,苻坚在征讨东晋的淝水之战惨败后第二年,天象预示的情况果然发生了:先是慕容垂在河北反叛复国,占领重镇邺城,帝国开始分裂;接着是慕容泓起兵关东,和弟弟慕容冲一起带领部众围攻长安;然后是慕容暐在长安城中准备乘乱袭击苻坚。直到这个时候,苻坚才如梦方醒,杀尽城中鲜卑族人,感叹道:"我不听王猛和苻融的话,才让鲜卑小儿如此嚣张啊(吾不用王景略、阳平公之言,使白虏敢至于此)!"

之后不久,苻坚逃离即将陷落的长安城,为曾经的手下、羌族首领姚苌所俘虏并杀害。而在此之前,姚苌眼见前秦分崩离析,已经自立门户宣布为秦王,建立了后秦帝国。苻坚大帝英雄一世,功亏一篑,终究毁在了小人的手中。

苻坚的失败是很让人痛心的。之前二十多年,他雄才伟略,纵横捭阖,和王猛一起一步步将前秦带至巅峰。然而淝水战败后仅仅两年的时间，前秦就迅速败亡了，败得那么快，输得那么惨，其中的教训很值得大家深思。

苻坚是个为人仁义宽厚的领导人，但是失之于太过宽容。他刚上台不久，内部就有苻氏的兄弟阴谋上位，他隐而不问，结果造成了后来的内乱（史称"五公之乱"）。虽然这场内乱很快就平定了，但是从中大家已经可以看出了苗头。对灭国的燕国君臣，他的仁厚就更加令人感动。他不仅不杀不囚，反而给好的待遇与位子，分派到朝中与各地担任要职，优厚待之。即使是上天预警、大臣劝谏，他都不为所动，希望用自己的德行来感化自己的敌人。

他对燕国奸臣慕容评的处置，与其说是太过宽容，更不如说是没有了底线。这样的奸臣贼子都能够得以保全性命，还能外放为官，那就是对正直手下的一种变相的惩罚，是会失去人心的。对于这点，光哥（司马光）也看不下去，跳出来评论道：古人灭人家的国家反而获得百姓的支持，是什么原因呢？那都是因为为民除害。慕容评这样的奸臣，害得燕国被灭，国亡了自己却不自杀，逃亡中被擒。苻坚居然也不杀他，反而重用他，这种做法是爱一个人但是不爱一国之人，是会大失人心的（**其失人心多矣**）！

事实证明，苻坚的诚意，并没有感化慕容家族的人。他们反而利用苻坚的善良，一直在等待机会，密谋着反叛复国。有些人是根本不值得我们付出的善良与诚意的！对于这样不懂感恩的人，过于宽容就是惩罚自己，没有底线就会失去人心。就像司马光总结的那样：对他人施恩，却得不到人家的感恩；对他人诚意，却得不到人家诚意的回报，最后导致功名不成，甚至没有了容身之地，都是不懂得这个道理的缘故啊（**是以施恩于人而人莫之恩，尽诚于人而人莫之诚，幸于功名不遂，容身无所，由不得其道故也**）。